心がスーッと楽になる

禅の言葉

駒澤大学名誉教授
永井政之＝監修
宮下 真＝著

永岡書店

はじめに――監修者より

落語「こんにゃく問答」によっても知られるように、訳のわからぬやりとりを世の中では「禅問答のようだ」と言います。たしかに予備知識のない人にとって、話し言葉の記録である「禅問答」は、当事者だけが納得できて、余人には理解不能なやりとりとしか見えないかもしれません。しかし禅の歴史や考え方を少しでも学んでみると、「禅問答」が荒唐無稽なものでは決してなく、むしろ禅宗の大きな特徴である人間凝視、人間解放のあゆみそのものを記録していることに気づきます。

本書に収録した禅語は、そのような記録の一端です。量的には「九牛《きゅうぎゅう》の一毛《いちもう》」ですし、本来の意図をふまえつつも、あえて現代風に読み込んだものもあります。しかし採り上げた一つ一つの禅語の意味するところを味わっていただければ、時空を超えた現代においても、禅の教えが我々に生きる智慧《ちえ》や励みを与えてくれるものと思います。

どこの頁から読み始めてくださっても結構です。フッと「無所得《むしょとく》の世界（いっさいの執着のない世界）」に気づかれると思います。

駒澤大学名誉教授・良珊寺住職　永井　政之

心がスーッと楽になる 禅の言葉　目次

はじめに　2

◆第一章　ふっと背中がかるくなる

両忘　「白か黒か」へのこだわりを忘れて　12
放下著　いっさいを捨て去るとすべてが生きかえる　14
放てば手にみてり　手放してこそ大切なものが手に入る　16
掬水月在手　慈悲の光はだれにでも注がれる　18
挨拶　ふだんの挨拶にも生き方があらわれる　20
日日是好日　どんな日もかけがえのない一日　22
無可無不可　物事のよしあしをはじめから決めつけない　24

莫妄想　過去や未来を思い悩まず、いまに集中する　26
無事是貴人　あなたの中にある純粋な魂と出会う　28
天真に任す　欲を離れ自然のままに身を任せよう　30
明歴歴露堂堂　心の目をいっぱいに開いて見よ　32
柳緑花紅真面目　ありのままだよ、それが真実だよ　34
喫茶去　だれにでも分けへだてなく相対する　36
雨奇晴好　降っても晴れても、どっちもいいね　38
冷暖自知　あれこれ考えるより自分でやってみろ　40
一期一会　今日の出会いはただ一度限り　42
無功徳　善行に見返りなど求めない　44
廓然無聖　カラッと晴れた大空を心に描いて　46
夢　何も残さず何にもとらわれることなく　48
色即是空　いまここにある自分を大切に　50
●コラム　禅語のはなし1　禅語の生い立ちを知る　52

◆第二章　立ち止まって足下を見る

照顧脚下　自分を顧みることを忘れぬように　54
回光返照　外にばかり向けていた目を自分の内側に　56
洗心　心の汚れを放っておかないで　58
自浄其意　いつも清らかな心でいるために　60
歩歩是道場　素直な心さえあればどこでも学びの場　62
行住坐臥　日常の立ち居振る舞いが心を育てる　64
無位の真人　自分の中の「真人」に目覚めよう　66
無一物中無尽蔵　すべてはかかわりあい支え合っている　68
好事不如無　煩悩を生む「よいこと」ならないほうがいい　70
勢不可使尽　ノリノリのときこそ反省を忘れずに　72
規矩不可行尽　規則やマニュアルでしばるのもほどほどに　74

百不知百不会　何も抱え込まずいつもサラの状態でいよう　76
喝　相手を信じるからこその気合一発　78
心静即身涼　心が平穏であれば肉体もさわやか　80
一日不作一日不食　つとめるべきつとめを果たそう　82
和光同塵　苦しむ人には無心に手を差しのべる　84
一切唯心造　清も濁もすべては心がつくりだすもの　86
応に住する所無うして其の心を生ずべし　心はいつも自由に遊ばせておけ　88
明珠在掌　あなた自身が尊い宝物を持っている　90
松樹千年翠　変わらぬものの価値を見失わないで　92
一大事　今日をどう生きるかが最も大事　94
●コラム　禅語のはなし２　「無」「空」ってなんのこと？　96

◆第三章　やさしく生きる・つよく生きる

主人公　本来の自分を目覚めさせよう　98
随処に主と作れば立処皆真なり　ブレない自分は「無心」でつくる　100
他は是れ吾にあらず　今日なすべきことを自分でやりきる　102
隻手音声　声なき声はどこで聴くか　104
誰家無明月清風　さあ、窓を開けて深呼吸　106
雪裡梅花只一枝　苦難に耐えてこそ真実をつかむことができる　108
和敬清寂　互いを認め合うことがはじまり　110
宇宙無双日　乾坤只一人　天地に我一人、自信を持って生きていこう　112
可及其智　不可及其愚　利口になるより大馬鹿になってみよう　114
啐啄同時　殻を破るべきタイミングを逃さずに　116
一華開五葉　無垢な心にはいつか果実がみのる　118
行雲流水　身を軽くして生きてみる　120

百花春至為誰開　与えられた命をただ無心に生きる　122
不雨花猶落　真理はほら、そこにある　124
眼横鼻直　当たり前のことを、当たり前に　126
逢茶喫茶　逢飯喫飯　ごはんのときはごはんを無心にいただこう　128
自灯明　法灯明　自分とその信じるものをよりどころとして　130
月落不離天　人も月も仏の世界から離れることはない　132
白馬蘆花に入る　同じに見えてもひとつではない　134
身心脱落　心と体を覆っているものをそぎ落とそう　136
拈華微笑　微笑みだけでも心は通う　138
●コラム　禅語のはなし3　いちばん大切なことは、ことばでは伝わらない　140

◆第四章　こころざしをなくさないで

八風吹けども動ぜず　逆風にも突風にもたじろがずに　142

紅炉上一点の雪　純粋な心を燃やして邪念をけちらせ　144
水到れば渠成る　歩んだあとにはひとすじの道が残る　146
名利共に休す　名誉もお金もいらないという覚悟　148
把手共行　信じる人と手をつないで行こう　150
木鶏鳴子夜　無我無心であればこそ器も大きくなる　152
春在枝頭已十分　幸福はあなたのそばにある　154
天下の人のために蔭涼と作らん　人のためにそっと日陰をつくる人に　156
瓦を磨いて鏡となす　結果ばかり求めて行動するのをやめる　158
流水、無心にして落花を送る　無為自然に身を任せ合える関係を　160
平常心是道　特別なことより、まずふだんの心がけ　162
曹源一滴水　一滴の水だっておろそかにしない　164
不思善不思悪　あなたは純粋な魂を忘れてしまったのか　166
滅却心頭火自涼　暑さなら暑さ、苦悩なら苦悩に同化しろ　168
百尺竿頭に一歩を進む　そこで満足せずに、さらに歩みを進めよう　170

竹影、階を掃って塵動ぜず　月、潭底を穿つも水に痕無し
何ものにも染まることのない自由な心で　172
相送当門有脩竹　為君葉葉起清風
「真心」という清らかな風を吹かせよう　174
一切有為法　如夢幻泡影
うつろうものだからこそ一日一生を精一杯に　176
死ぬ時節には死ぬがよく候
目をそむけず、あるがままに受け止める　178
生我者父母　成我者朋友
「いまの自分」をつくってくれたのはだれか　180
鳥啼山更幽
苦しみや辛さを経て人は深められる　182
禅の基礎知識　184
Q&A　186
禅語索引　189

第一章

ふっと背中がかるくなる

両忘《りょうぼう》

「白か黒か」へのこだわりを忘れて

生死、苦楽など、相対的な対立を忘れ去り、二元的な考え方から脱すること。「内外両忘」「善悪両忘」「両頭坐断《りょうとうざだん》」なども同様の意味でつかわれる（『伝燈録』『定性書』など）。

好きなの？　嫌いなの？　イエスかノーか？

私たちの生活の中には、白か黒か、あれかこれかの判断を迫られる状況が山ほどあります。好きと嫌い、真偽、善悪、苦楽、美醜、幸不幸、生死など、対立する二つの事柄で世の中の多くが成り立っているので、それは仕方のないことでしょう。

この「両方忘れる」という禅語は、そうした二元的な考え方をやめてみろと言っているのです。どっちなのかと判断することをやめて、両方へのこだわりから抜け出すこと。善悪を忘れる、生死を忘れる、自分の内と外さえ忘れる……。

あれかこれかの価値判断から解放されると、気持ちはぐっとラクになり、「どっちだっていいじゃないか」という余裕も生まれてきます。

本来、世の中の物事すべてが白黒はっきりするわけではなく、ことの善悪など、すぐに正しい判断が下せるものではありません。曖昧なこともそのまま受け入れ、ただ精一杯に生きてみましょう。ほどよく肩の力も抜けて、生死や苦楽にとらわれることのない、おだやかで清々《すがすが》しい日々がやってきます。

放下著《ほうげじゃく》

いっさいを捨て去るとすべてが生きかえる

厳陽《ごんよう》という僧が趙州従諗《じょうしゅうじゅうしん》（唐代の名僧）に「すべてを捨てました。さらにどんな修行をすればよいでしょうか？」とたずねたとき、趙州が即答したのがこの「放下著（捨ててしまえ！）」。「著」は強調する助詞（『従容録《しょうようろく》』）。

荷物をたくさんかついで、なかなか捨てられない人がいます。肩書き、地位、お金や財産、別れた恋人の記憶……。捨ててしまえばラクになるのに、年をとるほど荷物は増えていき、背中はどんどん重くなっていきます。

せっかく手に入れたものを簡単には捨てられないのが人情ですが、捨てるべき転機というのが人生の節目節目にはありそうです。就職、転職、退職、結婚、離婚、失恋、家族の自立など。そうした節目で進むべき方向が見えなくなったり、自分とは何者なのかと不安になったとき、「放下」してみましょう。何もかも捨てた「素」の自分に戻ってみるのです。

たとえば定年で退職しても、前歴や肩書きを背負ったままの人がたくさんいます。地位も財産も、ひとときあなたにゆだねられた仮の持ち物にすぎません。せっかく荷をおろすときが来たのですから、きれいに捨て去って第二の人生を楽しみましょう。

趙州は厳陽に「捨てたという意識」さえ捨てろと言いました。執着を捨ててこそ本来の自分に戻り、いっさいがありのままに見えてくるのです。

放《はな》てば手《て》にみてり

手放してこそ大切なものが手に入る

曹洞《そうとう》宗の開祖・道元禅師《どうげんぜんじ》の『正法眼蔵《しょうぼうげんぞう》』（弁道話《べんどうわ》）に見られることば。「坐禅の修行をすることで、思いを手放し執着を捨て、心を空《くう》にすれば、真理と一体となったゆたかな境地が手に入る」と説く。

「手放せば、手に入るんだ」。いかにも禅のことばです。でも、禅の世界だけのむずかしいことばではありません。たとえば、トリノ冬季オリンピックの金メダリスト荒川静香《あらかわしずか》さん（フィギュアスケート）は、「メダルを取ろうなんてまったく考えずに滑ったら、金メダルを取っていた」と話しています。欲や執着をポンと手放したところで、最高のものを手に入れたのです。

人は生きている間中、あれも欲しいこれも欲しい、ああしたいこうしたい、という思いにとらわれています。もちろん、欲をかくばかりでなく、「自分はどう生きればいいのか」と真剣に考えぬく人もいるでしょう。

道元禅師は、「只管打坐《しかんたざ》」、つまりひたすら坐禅を組み、妄想を払えと説いています。生き方をあれこれ真面目に考えることも雑念であり妄執《もうしゅう》であるから、これを坐禅に打ち込んで手放しなさいと言うのです。手から放たれたとき、自然に手に満ちてくる。何かをつかんだままの手には別のものを渡しようがありません。まず、それを手放してみましょう。放してみたら、「なんだ、こんなつまらないものをつかんでいたのか」と笑ってしまうかも。

掬水月在手《みずをきくすればつきてにあり》

慈悲の光はだれにでも注がれる

中唐の詩人・于良史《うりょうし》の「春山夜月」という詩の一節。対句は「弄花香満衣（花を弄《ろう》すれば香り衣《ころも》に満つ）」で、いずれも禅でよくつかわれる（『虚堂録』など）。

自分だけなぜ運が向いてこないのか。私だけなぜ恋人ができないのか……。

他人をひがんだり、ねたんだりしてばかりいると、だんだん自分をちっぽけにしてしまいますね。世の中、不公平にできているのではないかと考え始めると、かえって自分だけ得したい儲けたいという我欲《がよく》ばかり強くなって、煩悩《ぼんのう》がどんどんふくらんでしまうものです。

道はすべての人に開かれています。月の輝く夜、水を両の手ですくいとってみれば、その水面に必ず月は姿を映し、キラキラ輝くはずです。

月の光は地上のすべてのものに平等に注がれています。あなたやだれかが無視されることもない。月の光は仏の慈悲であり、仏法そのものでもあるのです。

自分とはかけ離れた、遠くにある美しいものとして月を見ているだけでは、それに気づくことができません。「水を掬《きく》する（手ですくう）」という、あなた自身の働きかけ（禅においては修行）があってはじめて、月はあなたの心に入り、自分のものとして感じることができるのです。

挨拶《あいさつ》

ふだんの挨拶にも生き方があらわれる

「挨拶」も禅語のひとつ。挨も拶も「せまる」「おす」という意味があり、禅では問答によって相手の仏法修行の深浅《しんせん》をはかることをいう。「一挨一拶、其《そ》の深浅を見んと要す」と『碧巌録《へきがんろく》』にある。

初対面のとき、姿勢を正してきれいにお辞儀ができる人が少なくなりました。朝、出社したとき、街中で知り合いと会ったとき、ひょこっと頭を傾けて口の中でもごもご言うだけ、なんていうことはありませんか？

人と人の出会い、ふれあいの最初は挨拶から始まります。日常のちょっとした挨拶でも、人との接し方や礼を保つことに対する姿勢があらわれるものです。挨拶ひとつにも生き方があらわれるのです。

「挨拶」という文字本来の意味は、「そばに身をすりよせて押しあうこと」。

禅宗では、門下の僧と問答をして相手の悟りの程度を知ることを挨拶といいました。人と接するときも、まず押したり、たたいたりして、相手の心の玄関を開いてみないと、心のふれあいは生まれません。

挨拶をいいかげんにすることは、人間関係をおろそかにすること。もっと言えば、生き方をいいかげんにしてしまうことにもなります。まず自分から、気持ちのよい笑顔と丁寧な挨拶で、「自分は玄関を開ける用意ができていますよ」という思いを相手に伝えてみましょう。

日日是好日《にちにちこれこうじつ》

どんな日もかけがえのない一日

唐代の僧・雲門文偃《うんもんぶんえん》は、ある日、大勢の弟子たちに向かって「いまから十五日以後の自分の心境をひとことで言ってみよ」と問いかけた。だれも即答できずにいると、雲門はみずから「日日是好日」と答えた（『碧巌録』）。

たまたま入ったラーメン屋さんがとってもおいしかったり、なくしたと思っていたイヤリングがひょっこり出てきたり……。小さなうれしい出来事でその日一日がハッピーになることって、けっこうありますよね。反対に、上司に叱られたり何かいやなことがあると、「今日はロクなことがない」と落ち込んだまま一日を終えてしまうこともあるでしょう。

でも、一日一日を人生のかけがえのない時間としてとらえれば、いい日も悪い日もないはず。「日日是好日」とは、毎日が吉日（平穏無事な日々）といった意味でもつかわれますが、本来の意味は違います。のんびり無事に暮らすだけではだめ。禅は常に「いま、ここ、自己」を見つめます。いまこの一瞬を大事にし、いつも新鮮な気持ちで日々を迎え、自分の生き方に手を抜かないことが「好日」をもたらすのです。

快晴の日も、大雨や強風の日も大事な人生の一日です。楽しいことばかりを見ようとせず、つらいことや悲しいことも受け止めながら、一日一日を大事に生きてみましょう。その日々から見えてくる充実感、それが「日日是好日」です。

無可無不可《かもなくふかもなし》

物事のよしあしをはじめから決めつけない

宋代の禅者・圜悟克勤《えんごこくごん》らが用いた例があるが、『論語・微子編』の「我則異於是　無可無不可」が出典。分別や執着を離れ、可も不可も超えた境地で何事にも対処するということ。

七十近くになってからスキューバダイビングを始め、娘さんとお孫さんと、親子三代で海に潜《もぐ》って休日を楽しんでいる女性がいます。「海の中だと体力をつかわずにすむから、おばあちゃんに向いてるのよ」と笑っていました。

仕事でも趣味でも、あるいは恋愛でも、これから何かにチャレンジしようというときに、自分の中で「これは無理」「あれは自分に向かない」「どうせうまくいかないからやってもムダ」、などと決めつけてはいませんか？ 「可もなく不可もなし」とは、とくによくもなく悪くもない、というときにつかわれますが、もともと「無可無不可」は、「あれはよし、これはだめ」と自分の判断で決めつけず、何事にもまっさらな中道《ちゅうどう》の状態で向き合うことをさしています。苦も楽も、善も悪もなし。はじめから何も決めないということです。

かたよった考えを捨てて、進むも退《ひ》くも自在に。年だからとか、自分にできっこないなどという「決めつけ」から自由になると、自分の可能性はもっと広がるはずです。いますぐ○か×かを決めなくていいんだと思うと、気もラクになり、ひとつやってみようかという気になりますよ。

莫妄想《まくもうぞう》

過去や未来を思い悩まず、いまに集中する

唐代の無業《むごう》禅師はだれに対しても「莫妄想（妄想すること莫《なか》れ）」と唱《とな》えたという。「妄想」は現実からかけ離れた空想や夢想をしたり、考えても仕方のないことをあれこれ思い悩むこと（『伝燈録』）。

病気になった人が、「本当に治るのだろうか」と不安になったり、結婚式を間近に控えた女性が、「この人とちゃんとやっていけるかしら」と思い悩んだりすること（「マリッジブルー」と呼ばれる）も妄想。修行僧が坐禅を組みながら、「早く悟りの境地に近づきたい」と考えることも妄想です。

肉体や心の欲望、未来への不安や過去への執着など、私たちの心を曇らせる最大の原因が妄想です。それをくよくよ考えるなというのが「莫妄想」。

元寇《げんこう》（一二七四、一二八一）の危機にさらされていた鎌倉時代、執権・北条時宗《ほうじょうときむね》は、強大な元軍とどう戦えばよいかと悩み、中国から招いていた無学祖元《むがくそげん》禅師のもとを訪れました。無学禅師は時宗に「莫妄想」とさとしたといいます。時宗はこのひとことで決心を固め、いまできる限りの防備に全力を尽くして、あとは天命を待つ心境にいたったといわれています。結果はご存じのとおり、元軍は二度とも暴風雨に襲われ、壊滅状態になりました。

済んでしまったことは忘れましょう。いまできることに全力を尽くしましょう。よりよい未来をつくるのはいまの努力しかありません。

無《ぶ》事《じ》是《これ》貴《き》人《にん》

あなたの中にある純粋な魂と出会う

臨済《りんざい》宗の開祖・臨済のことば「無事是貴人、ただ造作《ぞうさ》すること莫《なか》れ、ただ是《こ》れ平常《びょうじょう》なり」から。正月の掛け軸にも好まれるが、禅でいう「無事」は仏道や救いを外に求めない心をいう（『臨済録』）。

私たちは、救いや幸福を自分の外にばかり求めがちです。「いい人とめぐり合えれば幸せになれるのに」「もっと自分を正当に評価してくれたら世に出られるのに」など、外にばかり目を向けてウロウロと幸福を探しまわっています。

臨済禅師は「求心《ぐしん》やむ処《ところ》、即《すなわ》ち無事」として、外に求める心がなくなり、自分の内なる純粋な魂（仏性《ぶっしょう》）と出会うことができれば無事であり貴人であると言います。この「無事」は、ふだんつかう「無事でなにより」とか「平穏無事」とは異なり、救いや悟りの道を外に求めなくてもよいことに気づいた安らぎの境地をさしています。「貴人」とは、安心を得た人、悟りを得た人、つまり仏です。

「ただ造作すること莫《なか》れ、ただ是れ平常なり」とは、外に向けてあれこれ騒ぎ立てず、自分がなすべきことをひとつずつ造作なく（はからいなく）こなしていくことが平常の道だということ。「放てば手にみてり」（16ページ）を思い出してください。外に求めれば求めるほど大事なものは遠くへ逃げていってしまいます。欲や執着を捨てて「求心やむ処」に無事があり、幸福が待っています。あなたの幸福のもととなるものは、すでにあなたの中にあるのですから。

天真《てんしん》に任《まか》す

欲を離れ自然のままに身を任せよう

曹洞宗の禅僧であった良寛《りょうかん》和尚は、四十歳のとき越後国上山《くがみやま》の五合庵に入り二十年近く独居をつづけた。生涯に多くの漢詩や和歌を残したが、これは「生涯懶立身」で知られる詩の中のことば（良寛詩編）。

良寛和尚ほど、時代を超えて多くの人に愛されてきた禅僧はいないでしょう。権威から離れ、世間の評価や体裁も気にせず、自由無碍《じゆうむげ》、無欲恬淡《むよくてんたん》とした生き方に憧れる人も多いようです。子供たちとよく手まりで遊んだという逸話が残っていますが、禅の道をひたすらに厳しく歩んだ人でもありました。

「天真に任す」とは次の詩にあり、すべてのこだわりを捨て、流れる水のように、空の雲のように、ただ自然の道理に身を任せようということです。

生涯懶立身　騰騰任天真（生涯身を立つるに懶《ものう》く、騰騰《とうとう》天真に任す）

嚢中三升米　爐辺一束薪（嚢《ふくろ》には三升の米、爐辺《ろべ》には一束の薪《たきぎ》）

誰問迷悟跡　何知名利塵（だれか問わん迷悟《めいご》の跡、なんぞ知らん名利《みょうり》の塵《ちり》）

大意はこんな感じです――私は生涯、身を立て出世することなど面倒で興味もなく、ただ自然の道理に身を任せて生きている。袋に三升の米と少しの薪があればもうそれでよい。迷いだの悟りだのと私にはもうどうでもよく、まして名誉や利益などつまらないものにはかかわりがない――。良寛のごとくとは言わないまでも、せめて私利私欲に振りまわされない生き方をこころざしたいものです。

明歴歴露堂堂《めいれきれきろどうどう》

心の目をいっぱいに開いて見よ

「歴歴」はあきらかなようす。「露」は「あらわす」「あらわれる」の意味。妄想を離れた心には世界が一点の曇りもなくあきらかに見えてくることをいう（『五燈会元《ごとうえげん》』『永平広録』）。

晴れた空は青く、野辺には季節ごとに花が咲き、海は繰り返し波を寄せ、山々は何事にも動じずそこにあります。自然とは不変の真理そのものです。そして天地のすべてのものは、何も隠すことなく、あきらかに堂々と私たちの前にすがたをあらわしています。

そのありのままのすがたが見えないのは、あなたが目をしっかり開けて見ようとしていないから。心の目が曇り、五官（感）が錆《さ》びついてしまっているのです。

最近では、一日中パソコンに向かい、自分の周囲数十センチの範囲しか見ていないような人がたくさんいます。パソコン画面が見せてくれるのは、けっして世界のありのままの姿ではなく、断片化され、デジタル化され、圧縮したり解凍されたりした仮象《かしょう》の世界。「明歴歴」でも「露堂堂」でもない世界の断片でしかないのです。そこから絶対の真理を見つけることは困難でしょう。

「見よ見よ、聞け聞け！」と禅師が喝破《かっぱ》するのは、世界を目、耳、鼻、口、触覚の五官すべてで感得《かんとく》しろということ。ときにはキーボードを離れて自然に身を浸《ひた》し、五官を総動員して「露堂堂」の世界からエネルギーをもらいましょう。

柳緑花紅真面目《やなぎはみどりはなはくれないしんめんもく》

ありのままだよ、それが真実だよ

宋代を代表する詩人・蘇東坡《そとうば》（蘇軾《そしょく》）の詩の一節。美しい春の景色を前に「柳は緑、花は紅、これが本来のありのままのすがただ」と詠嘆《えいたん》したもの（『東坡禅喜集』）。

柳が新緑の枝を垂《た》らし、花は紅に咲き誇っています。

何千年と繰り返されてきた春の景色です。ただそれだけです。ただそれだけなのに、詩人は、目の前の景色が「明歴歴露堂堂」(32ページ)の世界であり、永遠の真理が語られていることに胸を衝《つ》かれ、「真面目」(本当のすがた)と感動を謳《うた》わずにいられなかったのでしょう。

柳も花もなんら隠すところなく、露堂堂とすがたをあらわしています。

柳は柳、花は花、そこには価値の優劣もありません。

ありのままを、ありのままに受け取り、そこに真実を見る。むずかしそうですが、それが「禅」の心なのだと言うこともできます。蘇東坡は詩人ですが、東林常総《とうりんじょうそう》のもとで修行し、悟りを得た禅の人でもありました。

私たちだって、よけいな価値判断をやめれば、幼児のような純真な心で物事を見ることはできます。「庭の花が咲いたね」と言っては家族で笑い、海に沈む真っ赤な夕日を見てはわけもなくジーンときてしまう……そんな素直な気持ちを忘れないことも「柳緑花紅」の境地に通じているのです。

喫茶去《きっさこ》

だれにでも分けへだてなく相対《あいたい》する

趙州《じょうしゅう》和尚は、新米の修行僧にも位の高い僧にも同じように「喫茶去（まあ、お茶でも召し上がれ）」と語りかけたという。茶席でもおなじみの禅語。一説に「お茶でも飲んで出直せ」の意味もあるという（『趙州録』）。

人が来たらお茶をすすめよう。ごはんをいただいたら茶碗を洗おう。

唐代を代表する禅僧・趙州は、そんな当たり前のことを弟子たちに語りかけながら、禅の奥義をきわめていきました。初対面の雲水《うんすい》（修行僧）にも、古参の高僧にも、ただ等しく「お茶でも飲みなされ」とすすめることばに、まずはいろいろな執着を捨て、利害や相手の地位・賢愚を超えて、分けへだてなく相対することの大切さが込められています。

茶道において、茶室では客はその地位や肩書きのいっさいを脱ぎ捨て、亭主は老若男女すべての客に平等に接します。日々の暮らしでも相手によって態度を変えたりすることなく、いつも泰然《たいぜん》として平常の心でありたいものです。

ちなみに「茶碗を洗う」とは？　あるとき一人の雲水に修行の心構えを問われた趙州は、「ごはんは食べたか」と訊き、「腹一杯食べました」と雲水が答えると、「ごはんの後は茶碗を洗っておくのだぞ」とさとしたといいます。学んだ跡や修行した跡をとどめるな、自分のものとして消化しつくして「くさみ」を消し去ってしまえ、というなかなかに深いことばでもあるのです。

雨《う》奇《き》晴《せい》好《こう》

降っても晴れても、どっちもいいね

「奇」は、ふつうと変わっている、珍しくて面白いといった意味。「好」には美しいという意味もある。晴れても雨が降ってもどちらも景色は趣《おもむき》がある、と西湖の風景を詠《よ》んだ蘇東坡の詩の一節から。

「雨もまたよし、晴れればまたよし」。そんな何ものにもとらわれない心境をあらわすことばです。

「気が滅入りがちな雨の日も、あるがままに景色を見ればいつもと違って面白い、これにちゃんと気づいて雨も楽しもうよ」というプラス思考的な解釈もできます。

雨だからと、人前で憂鬱《ゆううつ》そうな顔を見せたり、約束の時間に遅れたり、ということはありませんか？ 自分の気が晴れず、行動も鈍くなっているのを「雨のせい」に責任転嫁していたらお天道様に叱られます。ジメついた顔より晴れ晴れした顔でいましょう。花や緑が色鮮やかになり、カタツムリやアマガエルが顔を出したりもする雨の日を楽しむ気持ち、これってけっこう大事ですね。

ジャズのスタンダード曲に「降っても晴れても（Come rain or come shine）」という歌があります。雨が降っても、晴れた日も、ほかのだれもが愛せなかったほど強く君を愛してみせる……という内容のラブソングですが、お金があったりなかったり、曇りの日や晴れの日やいろいろあるけれど、僕は君といつも一緒、幸せも不幸も一緒、という「雨奇晴好」的な歌詞が聴けます。

冷暖自知《れいだんじち》

あれこれ考えるより自分でやってみろ

道元禅師の『正法眼蔵』弁道話に、「証《しょう》の得否《とくひ》は、修《しゅう》せんものおのづからしらんこと、用水《ようすい》の人の、冷暖をみづからわきまふるがごとし」とある。『伝燈録』にも見られる。

浅草に慶応二年（一八六六）創業の寿司の名店があります。そこの五代目主人は、先代から一度も寿司の握り方を教わらなかったそうです。その先代もまた、握り方も仕込みの方法もすべて親方の仕事を見ながら、自分でやってみて体で覚えたそうです。それが店の代々の流儀なのでしょう。

将棋の棋士の世界にも同じようなことが言え、何も教えてくれない師匠のおかげで強くなれたという棋士もいます。師匠が「一局教えてやろう」というときは、「見込みがないから破門する」という意味であったりするそうです。

「冷暖自知（冷暖自ら知る）」とは、水が冷たいか暖かいか、そんなことは人からああだこうだと説明を聞くより、自分でさわってみればすぐわかることだ、という意味。仏法や禅の真髄《しんずい》というのは、師に教わったり頭で学ぶものではなく、みずからの体験を通して会得《えとく》し、悟る以外にはないということです。子供の教育でも同じでしょう。あれこれ知識ばかり与えても、自分で体験させてみなければ本当の知識は身につきません。クロールの方法をいくらことばで教えても、泳げるようには絶対なりませんよ。

一《いち》期《ご》一《いち》会《え》

今日の出会いはただ一度限り

江戸幕府の大老で、すぐれた茶人でもあった井《い》伊直弼《なおすけ》が茶道の心得を記した『茶湯一会集』によって広まったことば。初出は千利休《せんのりきゅう》の門人・山上宗二《やまのうえそうじ》による『山上宗二記』とされる。

人は一生涯のうちにいったい何人の人と出会うことができるのでしょうか。今日ことばを交わした人と、今度はいつ会うことができるのでしょうか。そう考えたら、一人一人と誠心誠意で接したいと思いませんか？

携帯電話が普及して、「すぐ連絡がつくから」と待ち合わせの時間も守らない人が増えているようです。会えればいいじゃないって？　いいえ、「時は人を待たず」です。二度と戻らない時間を無駄にすることを禅はきつく戒めます。

「一期」は人の一生、「一会」は唯一ただ一度の出会い。

たとえたびたび顔を合わせる相手であっても、今日の茶会、今日のデート、今日の会食は、二度と同じ時間を持つことはできない、人生で一度きりの大切な時間なのです。

長年の友人であれ、旅先で会ったゆきずりの相手であれ、二度と来ない人生のひとときを共に過ごすなら、「ああ、楽しい時間だった」「すてきな出会いだった」と思えるように、真心をもって接しましょう。一期一会の精神はあなた自身にも返ってきて、よりゆたかな時間を持てるようになるはずです。

無《む》功《く》徳《どく》

善行に見返りなど求めない

六世紀前半、仏教に深く帰依《きえ》していた梁《りょう》の武帝《ぶてい》が禅祖・達磨大師《だるまだいし》を招き、「私は寺を建て、僧を養成した。どんな功徳が得られますか?」とたずねた。達磨はすぐさま「並びに（すべて）無功徳」と答えた（『伝燈録』）。

笑顔で挨拶したら、笑顔で返してほしい。人助けをしたら、お礼のひとことくらいは欲しい……。私たちは無意識にリターン（見返り）を期待しがちです。

功徳とはよい行いに対する報《むく》い。でも功徳を得るために善行をしても功徳はもたらされません。修行や礼拝も自分の利益のために行うものではなく、打算や下心を捨て、無心で行うことが第一です。それを喝破《かっぱ》した達磨のことばが「無功徳（功徳などありゃしません）」です。

日々の行いも同じです。自我を満足させるための行為を禅は切り捨てます。なんの見返りも期待せず、当たり前のこととして、人にやさしく、思いやりをもって接することです。ボランティアの心もそうではないでしょうか。

「私はこんなによい行いをしました」と周囲にアピールしてなんになるでしょう。席をゆずったり人を助けたりしたとき、お礼のことばも返ってこなくてもいいではないですか。よいと信じることを無心に行動に移せる人が本当の大人です。よいことをして自分の気持ちが安らぐのは、それが人本来のとるべき道であり、あるべき姿だから。それで十分ではないでしょうか。

廓《かく》然《ねん》無《む》聖《しょう》

カラッと晴れた大空を心に描いて

前項の「無功徳」と同じ梁の武帝と達磨の問答から。武帝が「如何《いか》なるか是《こ》れ聖諦《しょうたい》第一義（最も聖なる仏の教えとは何か？）」と問うと、達磨は「廓然無聖（廓然として聖もなし）」と答えた（『碧巌録』）。

「廓然」とは広々として澄みきったようす。

「仏の世界は広々として一点の曇りもなくカラリとしている。そこには聖《せい》も凡《ぼん》もありゃしないよ」というのが達磨大師の言わんとするところでしょう。

ああだこうだという価値判断をやめ、いっさいを捨てて、何も執着することのない「無」の境地になること。仏教が到達する世界をそのようにあらわしたのが「廓然無聖」ということばです。

価値の優劣も好き嫌いもない、迷いも悟りも、聖も凡もないカラリとした世界。そこには苦しみや争いはありません。煩悩も執着もなくなれば、その原因がなくなるのです。

この現実の世界でも、自分が絶対に正しいのだという執着や、私欲を求める心がなくなれば、ばかげたいさかいや戦争はなくなるでしょう。

つまらないことで腹を立ててしまったり、小さなことにクヨクヨする自分を見つけたら、この「廓然無聖」を思い出してください。そして、カラッと晴れた大空を心の中に取り戻してください。

夢《ゆめ》

何も残さず何にもとらわれることなく

漬け物でも知られた沢庵《たくあん》和尚が臨終のとき、弟子たちに偈《げ》（仏をたたえる詩）を乞《こ》われて大書した「夢」が有名。また、道元禅師は「夢中に夢を説く」のが仏の教えであると説いた。

昔ヒットした歌の中に、「夢の中へ行ってみたいとは思いませんか」という内容の歌詞がありました（井上陽水『夢の中へ』）。

夢の世界は、時間も空間も現実とはかけ離れていて、その実体を「現実」の中でつかむのは無理な話です。だからこそ、人は一度でいいからその中へ身をおいてみたいと願うのではないでしょうか。

実体がなく、はかなく消えていく夢。禅の世界では「夢」は、あとに何も残さない、何にもとらわれるもののない心境をさしています。悟りとは夢の境地なのだと言ってもいいのかもしれません。

沢庵が死ぬ間際に大書したという「夢」には、小さく「是亦夢《ぜもまたゆめ》非亦夢《ひもまたゆめ》」と書き添えられていました。

この世はすべてはかない夢、是か非かという判断や執着をすべて超え、悟りさえ忘れ去ったところに夢という境地があるということでしょう。

思いどおりにいかないことや不愉快な出来事に気を悩ますのは、現実という執着があるから。今度くしゃくしゃしたら、筆で「夢」と大書してみましょう。

色《しき》即《そく》是《ぜ》空《くう》

いまここにある自分を大切に

この世にあるすべてのもの（色《しき》）は、因《いん》と縁《えん》によって存在しているだけで、実体ではない（空《くう》）という大乗仏教の基本的な考え方。『般若心経《はんにゃしんぎょう》』の「色不異空　空不異色　色即是空　空即是色」から。

宇宙の万物の真のすがたは「空《くう》」であり、実体ではないという有名なことばです。あなたという人間も、真のすがたは「空」なのです。

「色《しき》」は具体的なすがたを持ったものをさし、「空」はその背景となっている因や縁、いわば天地の働きをさしています。

たとえば花があるのは、生命をもたらす天地いっぱいの働きのおかげであり、もともと実体のないものが、その働きによって私たちの目にふれることができるのだ、というのです。あなたも両親も恋人も、天地の働き（言いかえれば仏性）によってこの世に生かされているのです。

「色即是空　空即是色」とは、いっさいの存在は無であり、存在それ自体がおのずから無である、ということ。その意味を真に理解するには仏道を本気で学ぶ必要があるかもしれません。ただ確実に言えるのは、「目に見え、手でふれられるものだけに心をとらわれてはいけない」ということです。

空であり無なのか、と虚無的になる必要もありません。天地・宇宙の大いなる働きに感謝し、いまここにある自分の生を大切にして生きればいいのです。

◆禅語の生い立ちを知る

「禅語」とは、禅の心や悟りの境地をあらわしたもの。唐～宋の時代を生きた中国の禅僧のことばや経典の中の語を中心に、古詩や儒教・道教などの語句も柔軟に取り込み、鎌倉～江戸期の日本の禅僧のことばまで広い範囲にわたっています。

禅宗では師が修行僧に「公案《こうあん》」という探求課題を与え、その答えによって修行の進み具合、悟りの深さをはかるということがあります。弟子は修行体験と自分の全存在をかけて見解《けんげ》（公案に対する自分の見方）を述べますが、もちろん生半可な答えではぴしゃりとはねつけられ、師は答えを教えてはくれません。

難解で意味不明なやりとりを「禅問答のような」と言うことがありますが、公案は師が弟子を悟りに導くためのもので、そこで問答されるのは仏に迫ろうとする魂の声です。禅語には、こうした公案やその問答から生まれたものも多く、本書でも「隻手音声《せきしゅのおんじょう》」（104ページ）など多数紹介しています。

日本の禅宗八百年の歴史の中で受け継がれてきた禅語の味わいは、そのエピソードを知るほど深まります。いわば禅語は、その短いことばの中に仏道と悟りの世界を凝縮した「禅のものがたり」なのです。

第二章

立ち止まって足下《あしもと》を見る

照顧脚下《しょうこきゃっか》

自分を顧《かえり》みることを忘れぬように

日々の暮らしの足下《あしもと》をこそ照らし、顧みるべきだという戒《いまし》めのことば。禅寺の玄関などで見られる「脚下照顧」「看脚下《かんきゃっか》」も同義（『拈八方珠玉集』など）。

目の前のことにばかり気をとられず前向きに生きなさい。先を見すえて高い目標を掲《かか》げて生きましょう——何度そんなことばを聞かされたでしょうか。

いたしかにどちらも大切なことですが、前ばかり見すぎて足下がおろそかになっていませんか？　いま立っている場所さえわからなくなっていませんか？　追い立てられるように毎日を過ごして、ちょっと疲れてしまったら、ふと立ち止まって自分の足下を見てみましょう。

いまの仕事、いまの人間関係、いまの家庭、そんなにつまらないものでしょうか。いまの自分にそんなに満足できませんか。この先に、ずっと前のほうにだけいいことがあると思い違いはしていないでしょうか。目の前や足下をちゃんと見もせずに、遠くばかり探しまわっても無駄です。

禅では日常のすべてが修行であり、日常の中や身近な足下にこそ真理があると考えます。私たちの生活でも、日々の喜びはすぐ足下にあるのに、それに目を向けず大切にしないから、手に入るはずの幸福を逃がしているのかもしれません。

「照顧脚下」——ほら、まず玄関で靴をそろえましょう。

回光返照《えこうへんしょう》

外にばかり向けていた目を自分の内側に

他人のことばや考えに学ぼうと、外ばかり向いた目を内側に向けること。道元禅師のことばに「須《すべか》らく言《げん》を尋ね語を逐《お》うの解行《げぎょう》を休すべし。須らく回光返照の退歩《たいほ》を学すべし」とある（『普勧坐禅儀』など）。

外に向かって求める心というのは、なかなか止めることができません。

有名人の講演があると聞いては出かけていき、ベストセラーの「生き方」の本を見つけては読んでみる……。他人の考え方や著名人の「おことば」ばかりをありがたがってはいないでしょうか。

「回光返照」とは、外にばかり向かって求めようとする心を、自分の内に返し向け、本来の自分の純粋な心を照らし出すことです。外ばかり向いていたライトを、自分の内側に向けるのです。

明るく照らされた自分の内側に、じつはだれにも負けない純粋な魂があることに気づくかもしれません。偉い人の講話であれ著名人の人生訓であれ、それはやはり他人のもの。まず本来の自分を見つめて、あなた自身が大切にするもの、志向するものをしっかりつかんでおくことが大事です。

他人の考えばかりなぞっていると、本当の自分を見失ってしまいます。ときどきは自分の内側に光をあて、純粋な自分と向き合い、それが汚れたり曇ったりしていないかを確かめましょう。

洗心《せんしん》

心の汚れを放っておかないで

坐禅によって雑念や執着を捨て去れば心は新たになる。それにより心の汚れ（妄想）を洗うこと。日々の修行はすべて心を洗う作業ともいえる（『宏智録』など）。

気候風土のゆえもあって、日本人は「お風呂好き」。水がゆたかでもあることから、昔からみそぎの儀式として浄《きよ》めの水をふんだんに使うということもありました。

さて、ふだんも顔や手足の汚れについては神経質なほど気にするのに、心の汚れについてはどれだけ気をつけているでしょうか？

心の垢《あか》は大人になるほどたまっていきます。無頓着に放っておけばおくほど、汚れは落ちにくくなります。

汚れをためないためのひとつの方法が修行や善行であり、日々の生活の中で人を思いやり、やさしく接することなのではないでしょうか。汚れにも気づかない自分を見つめるには、坐禅を体験してみるのも有効です。

「洗心」は正月にもふさわしいことばです。正月はもともと再生や修正を意味する月であり、元日の朝、暗いうちに井戸水や湧き水をくみにいく「若水《わかみず》とり」の風習は再生の象徴でもあるわけです。

せめて年に一度、心もしっかり洗い直したいものです。

自浄其意《じじょうごい》

いつも清らかな心でいるために

「諸悪莫作《しょあくまくさ》　衆善奉行《しゅぜんぶぎょう》　自浄其意《じじょうごい》　是諸仏教《ぜしょぶっきょう》」という禅門でよく知られる偈文《げもん》（詩の形式で仏をたたえることば）の中のことば（『七仏通戒偈《しちぶつつうかいげ》』）。

諸悪莫作《しょあくまくさ》（諸々の悪を作《な》すこと莫《なか》れ）　衆善奉行《しゅぜんぶぎょう》（衆の善を奉行し）
自浄其意《じじょうごい》（自ら其《そ》の意を浄《きよ》くせよ）　是諸仏教《ぜしょぶっきょう》（是れ諸仏の教えなり）

『七仏通戒偈《しちぶつつうかいげ》』はこの短い四行だけの偈文《げもん》で、意味は「悪いことをするな、善い行いをしなさい、そしてみずから心をきれいにすること。これが仏の教えである」と、いたって簡単明瞭なものです。

中国・唐代の詩人・白居易《はくきょい》（白楽天）が禅の道を求め、山中で仙人のような暮らしをしていた道林《どうりん》和尚を訪ねた話があります。

早速、白居易が和尚に「仏教の根本の教えとは何か」と問うと、即座に返ってきたのが「諸悪莫作、衆善奉行」のことば。あまりにも単純な答えに白居易は呆《あき》れ、「そんなことは三歳の子でも知っていることではありませんか」と反発したところ、和尚は平然と「三歳の童子でも知っているであろうが、八十の老人でさえ行うことは難《かた》し」と言い放ったそうです。当たり前ながら実践することはむずかしい、その深遠な四行を禅門ではみずからに振り返ってとても大事にします。

「自浄其意」はすべての人へのメッセージでもあるのです。

歩《ほ》歩《ほ》是《これ》道《どう》場《じょう》

素直な心さえあればどこでも学びの場

修行は道場だけでするものではなく、日々の暮らし、言動のすべてが道場であり修行であるとする。『維摩経《ゆいまぎょう》』のことばからきたもの（『趙州録』）。

会社勤めをしながら、行き帰りの通勤電車内の勉強で司法試験に合格した人がいました。携帯電話のメール機能だけを使って小説を書き上げ、新人賞を取った人がいました。

夢を持っていても、場所や環境などいろいろな条件が自分に不利だからと言って（またはそれを言い訳にして）あきらめてしまう人が多いものです。

この禅語のもとの話はこうです。あるとき、閑静《かんせい》な修行の場を探していた修行僧が、街に向かおうとやってきた維摩居士《ゆいまこじ》に出会い、「あなたはどこから来たのですか」と訊くと、「道場から来たのだ」と返ってきました。「えっ、その道場はどこにあるのですか」と訊きかけると、維摩居士はすかさず「直心是道場《じきしん》」と答えました。「まっすぐ素直な心を持っていれば、どんなところでも道場、すなわち修行の場である」と。

修行の場はそれぞれの心の内にあるのだから、場所など関係ない、そのすることとなすことの一歩一歩が仏法修行なのだということです。雑念を払い無心に打ち込めば、どんな条件にあっても自分を磨いたり夢に近づくことができるはずです。

行住坐臥《ぎょうじゅうざが》

日常の立ち居振る舞いが心を育てる

行く、住まう、坐る、寝るという日常の行動を四つの威儀《いぎ》という。禅宗では日常生活のすべてが修行であり、とくに規律と作法に則《のっと》った行動を重んじる。「威儀即仏法」も同様の意味。

電車の中や公共の場での若者の行儀の悪さがよく取りざたされます。脚を広げて二人分の座席を占領したり、路上にタバコの吸い殻やお菓子の袋をポイポイ捨てたり……。大人もまた、ふだんの行動に恥じることのない人は少ないでしょう。

「行住坐臥」とは、行き来、起き伏しの日常のふるまいのこと。この行・住・坐・臥を四つの「威儀」といいます。このことばを禅で尊重するのは、日常生活の立ち居振る舞い、すべての行動に規律と作法を忘れるなということなのです。禅宗では、起きて顔を洗うこと、食事をいただくこと、歩くこと、坐ること、日常生活のすべてが修行であり、日常生活の中にのみ仏法は存在していると考えます。非日常的な荒行や難行から仏の道が開けるわけではないのです。

日常のことばにもなっている「威儀を正す」とは、自分の言動を振り返り、礼儀や作法にかなった立ち居振る舞いや行動をすることです。これは言いかえれば、「美しい生き方をしなさい」ということ。

行儀の悪い、だらしない日常生活からは、けっして美しい人生は手に入りません。ときには自分の「行住坐臥」を振り返り、威儀を正す努力も必要です。

無《む》位《い》の真《しん》人《にん》

自分の中の「真人」に目覚めよう

臨済が説法で述べた、「赤肉団上《しゃくにくだんじょう》に一無位の真人有り、常に汝等《なんじら》諸人の面門《めんもん》より出入す。未《いま》だ証拠《しょうこ》せざる者は、看《み》よ、看よ」から。「無位」とは空間、時間、階級などをいっさい固定化しないという意味（『臨済録』）。

「肉体には、時間も空間も超えて常に真実の人間性が存在し、いつでもお前たちの面前(眼や耳や鼻や口)を出たり入ったりしている。いまだこの真人を自覚していない者は、しかと見つけよ」

臨済禅師はこの有名な説法で、真実の自己、純粋な人間性を「無位の真人」と表現しました。「真人」を言いかえるなら「仏性」であり、本来の自由で清らかな心があらわになったもの。禅では「主人公」(98ページ)と近いものです。

「無事是貴人」(28ページ)同様、仏ではなく、あえて「人」という語を用いることに臨済禅師の特徴があります。

人は悩みや苦しみにぶつかったとき、周《まわ》りから解決法を得ようとすると同時に、自己を掘り下げて見つめていくものです。そして、やがて苦しみの原因はすべて自分の中にあると気がつきます。さらに掘り下げ、本当の自分とは何かという根本の問題に突きあたったとき、こうした禅語がなんらかのヒントとなってくれるでしょう。人が迷いや妄想にとらわれてしまうのは、自分の中にある「無位の真人」を見失っているから。「看よ」、そして本来の自分に目覚めましょう。

無《む》一《いち》物《もつ》中《ちゅう》無《む》尽《じん》蔵《ぞう》

すべてはかかわりあい支え合っている

「無一物中無尽蔵　花有り月有り楼台《ろうだい》有り」という蘇東坡《そとうば》の詩の一節から。

六祖慧能《えのう》のことばとされる禅語に「本来無一物」があります（六祖とは中国禅初祖の達磨大師から六代目の祖師の意味）。

すべての事物は本来「空《くう》」なのだから、固定化・実体化したものは何ひとつなく、一瞬一瞬にうつろっていく、とすれば執着すべきものは何もないということです。その「空」「無」の状態において、世界のあらゆるものがかかわっており、存在しているというのが仏教の考え方です。何もなしと思っても、そこにはなんでもある。万物がその無にかかわっていて、支え合っているのです。

蘇東坡は、「ここには、あたかも何もないかのようだが、花があり、月があり、楼台（高い建物）がある。それで十分満たされているではないか」と詠じています。すべては深いかかわりあいを持ってそこにあります。

人もこの世も「本来無一物」。心に一物もなく、妄想も何もかも捨てきったところに、世界の美しさやありがたさがはじめてくっきりと見えてきます。

こころを空にして、無一物であることを楽しんでみましょう。

好事不如無《こうじもなきにしかず》

煩悩を生む「よいこと」ならないほうがいい

「好事」とはよいこと、喜ばしいこと。よい出来事でもそれに執着する心が起きると煩悩や妄想のもとになると戒めることば（『碧巌録《へきがんろく》』『五《ご》燈会元《とうえげん》』）。

希望の会社に就職できた、心底惚れた相手と結婚した、健康診断がみんな「A」だった、宝くじに当たった……なんて、人生にはうれしくなる出来事がたくさんあったほうがいいですね。これはごく当たり前の感覚です。でも、そうかな？ と待ったをかけるのがこの禅語。「好事（よいこと）もないにこしたことはないのだよ」というのです。

好事があれば、「よかった、うれしかった」と、とらわれの心が起こります。そしてさらに好事が増えることを求めてしまいます。競馬でたまたま大穴馬券を当ててやめられなくなってしまうのも、そうした執着が生じるから。するとまた好事があっても、もう小さな喜びでは満足できなくなってしまうでしょう。「もっといいことはないか」と心がウロウロし始めると、好事が起きない人生がつまらなく思えてきます。いいことなんてありゃしない、人生くだらない……そんなふうに思い始める頃には、自分で人生を台無しにしてしまいます。

「どんなによいことでも、それに心がとらわれ、煩悩や妄想のもとになるなら、むしろないほうがよい」。日常の戒めとして覚えておきたい禅語です。

勢不可使尽《いきおいつかいつくすべからず》

ノリノリのときこそ反省を忘れずに

宋代の僧、仏鑑慧懃《ぶっかんえごん》が寺の住職になる際に、師の法演《ほうえん》が「およそ院に住す、己《おのれ》がために戒めるもの」として与えた、いわゆる「法演の四戒」の第一戒（『大慧武庫』）。

個人の人生でも企業でも、勢いに乗っている時期というのは、「このまま突っ走って行けるところまで行ってしまえ」という気になるものです。

「それではいけないよ」というのがこの禅語。法演禅師は「四戒」の最初にこのことばを挙げ、「勢い使い尽くさば、禍《わざわい》必ず至る」とみずから解説しています。

勢いにまかせて調子に乗り、周囲の助言も聞かずに突っ走っていると、必ず破局が待っています。悪いときや失敗したときに反省するのは当たり前。ノリノリの絶好調のときこそ冷静にわが身を振り返り、「間違ったことはしていないか」とみずからの行動を反省することが大事なのです。

「勝ち組」などと称して勢いの止まらない者には弱者の声は聞こえず、自分がすべて正しいと思い込みがちです。しかし、そうした驕《おご》りの中にすでに破局の種はまかれており、放っておけば一気に芽が吹き出してくるのです。

車もエンジン全開のまま百パーセントで走りつづけたら、いつか悲鳴を上げます。七、八割程度の力で走れば周りの景色もよく見え、ときどきバックミラーで後ろを振り返る余裕も出てくるはずですよ。

規矩不可行尽《きくおこないつくすべからず》

規則やマニュアルでしばるのもほどほどに

前項と同じ「法演の四戒」の第三戒。「規矩《きく》」とは手本や規律の意味。法演の解説にいわく「規矩行い尽くさば、人必ずこれを繁《はん》とす」。「繁」とはうるさい、わずらわしいの意味（『大慧武庫』）。

何から何までお手本どおりにやることを強制したり、規則やマニュアルでがんじがらめにしてしまっては、人にうるさがられて逆効果だということ。

会社も学校も規則ずくめでは息苦しく、人が伸び伸び育ちません。また、手本やマニュアルでこと細かく指示されると、自分で考え自分で判断しようとする姿勢がなくなってしまいます。「規矩行い尽くすべからず」とは、とくに組織のリーダー的存在となる人に覚えていてほしいことばです。

ちなみに「法演の四戒」の第二戒は「福受け尽くすべからず」。法演いわく「福受け尽くさば、縁《えん》必ず孤《こ》なり」。いい気になって富や幸運を独り占めにしていては、周囲との関係を悪くし、必ず孤立してしまうということです。

第四戒は「好語《こうご》説き尽くすべからず」。いわく「好語説き尽くさば、人必ずこれを易《やす》んず」。美辞・人生訓・真理を説くことばも、こと細かくいちいち説明し尽くしては味わいも薄れ、相手に軽んじられてしまう。価値あることばこそ、ああだこうだと説明するものではないということでしょう。

いずれも、いまに生きる私たちに多くの示唆《しさ》を与えてくれることばです。

百《ひゃく》不《ふ》知《ち》百《ひゃく》不《ふ》会《え》

何も抱え込まずいつもサラの状態でいよう

宋代の無文《むもん》禅師のことば。そのままの意味は「何も知らず何も理解せず」で役に立たない人をさすが、禅では「知る・知らない」「是か非か」などの分別や相対的認識を超えた状態をいう（『無文印語録』）。

どんな分野であれ、その道を究《きわ》めるのは大変なことです。

長い年月を勉強や修行に費やして、ようやくてっぺんまで到達したときの喜びはひとしおでしょう。

しかし、そうして苦労して身につけたものにとらわれ、鼻にかけるようでは本物ではありませんね。

超一流の人間に共通するのは、おのれに謙虚であることです。スポーツ選手であれアーティストであれ職人であれ、頂点に立っている人間ほど驕《おご》った態度を取らず、けっしてその才能や技倆《ぎりょう》をひけらかすこともありません。

「百不知百不会」とは、悟りを得ても、まるで何も知らない役立たずの人間のように超然としていること。修行で得た知識や理解したことを抱え込まず、分別を超越し、澄んだ境地にいるということです。

「味噌の味噌くさきは上味噌にあらず」と言うように、正しく熟成されたものはくさみもありません。人も同じなのです。自分の力や知識をひけらかすのは小物のやること。利口ぶったり、道徳家ぶったりする人間は、そのにおいが鼻につきます。欲も知識も抱え込まず、いつもサラの状態でいましょう。

喝《かつ》

相手を信じるからこその気合一発

気合を込めて叫ぶこと。また修行者の迷いを断つために老師が発する大声のこと。弟子に仏法を説くために臨済が「喝」を多用したのは有名（『臨済録』など）。

コラーッ！　と大声で怒鳴られて目が覚める。近頃の子供たちはそういう経験が少ないかもしれませんね。大人たちが自分の子供も他人の子供も叱らなくなってきて、身がすくむような一喝の大音声は「カァーツ！」も「コラーッ！」も、なかなか聞けなくなりました。

臨済禅師は、「師、即ち喝《かつ》す」と『臨済録』にあるように、たびたび喝を用い、弟子たちはその用法を「臨済の四喝」として分類までしています。それによれば、あるときは「迷いや妄想、不安を一刀両断に断ち切る喝」。あるときは「寄りつく隙《すき》を与えない獅子のような威圧の喝」。あるときは「相手にさぐりを入れて力量を試す喝」。またあるときは「何も造作しない無喝の喝」で、この最後の喝を「悟りの境地から吐かれた最上級の喝」としています。

いずれにしろ、喝はここぞというときに使ってこそ生きるもの。弟子やわが子にただやみくもに「喝」を入れてもうるさがられるだけでしょう。でも、長々とことばや理屈で説くよりも、気合一発の喝で目が覚め、悩みや壁がさっと消えることもあります。ときどきは、自分に喝、信じる人に喝、愛する人に喝！

心静即身涼《こころしずかなればすなわちみすずし》

心が平穏であれば肉体もさわやか

唐代の詩人・白居易の詩の一節、「是《こ》れ禅房《ぜんぼう》に熱の到ることなきあらず、但《た》だよく心静かなれば即ち身も涼し」より。坐禅の心得としてもつかわれる。白居易は白楽天の名でも知られ、「長恨歌《ちょうごんか》」などが有名（『和漢朗詠集』など）。

あるお寺の一日坐禅会に参加した男性の話です。

坐禅体験は二度目で、まだまだ静かに坐る自信はなかったということです。季節は真夏で、禅堂いっぱいに蟬《せみ》の声が響く暑い日でした。四十分の坐禅が始まり、最初は落ち着いていたものの、足のしびれとともに邪念・妄想が頭にうずを巻き、お尻がむずむず動きだしました。

容赦なく警策《きょうさく》（眠気や心のゆるみを戒める棒）を浴びて、それでも瞑想にいたらず、今度は汗がだらだら吹き出してきました。ただ暑く苦しいだけの時間が過ぎ、「これではとても無念無想の境地など無理だ」とリタイアまで考えたとき、半眼《はんがん》のうすぼんやりした視界のすみに床を這《は》う二匹の蟻《あり》が見えたそうです。

「蟻か、おまえたちは妄想とも邪念とも無縁でいいな」、ふとそう思ったら、背中の軸がすっと真ん中におさまり、頭の中のうず巻きも消えていったそうです。汗もひっこみ、かすかな風に涼しささえ感じて坐禅をつづけたといいます。男性はおそらく無意識に自分を「蟻」と同化させることで邪念を払うことができたのです。これこそ「心静即身涼」の境地でしょう。

一日不作一日不食《いちにちなさざればいちにちくらわず》

つとめるべきつとめを果たそう

唐代の名僧・百丈懐海《ひゃくじょうえかい》のことば。百丈は「作務《さむ》」（労働）を重んじ、修行者の生活規定を定めた「百丈清規《しんぎ》」は現在も禅寺で受け継がれている（『伝燈録』）。

禅門では、掃除、洗濯、炊事から、畑仕事、草取り、剪定《せんてい》や土木作業まで、日々体を動かして働くことを重視します。これは「仏作仏行《ぶっさぶつぎょう》」、つまり日常の作務こそ修行であり禅であるという考え方からきています。

百丈は、八十歳になっても毎日の作務を休まなかったそうです。老体を心配した弟子たちがやめるよう進言しても聞き入れないため、一計を案じた弟子たちは百丈の目につかないよう作務の道具を隠してしまいます。やむなく作務をやめた百丈ですが、今度はまったく食事をとらなくなりました。心配した弟子が理由をたずねたときの答えが、この「一日作さざれば一日食らわず」です。

ここでいう食事は労働の報酬といった単純なものではなく、いわゆる「働かざる者食うべからず」とは意味が違います。「一日になすべきつとめ（修行）も果たしていない身であれば、腹をみたす食事を頂戴することなどできない」という禅者の心のあり方を示しているのです。

今日一日をわが身に恥じることなく過ごしましたか……？　自分を振り返るとき、ぜひこの禅語を思い出してください。

和《わ》光《こう》同《どう》塵《じん》

苦しむ人には無心に手を差しのべる

もとのことばは『老子』の「道徳経」にある。「和光」とは自分の持っている徳や才智の光を和《やわら》げ、表に出さないことをいう。「同」は同化するの意、「塵」は俗世をさす（『宏智広録』など）。

高いところからばかりものを言われても、なんだかピンときませんよね。

偉い人のことばも、その高い地位や経歴をいったん離れ、私たちと同じ目線、同じ立場で語ってくれたら胸に響きやすいものです。仏教でいう「和光同塵」は、仏や菩薩《ぼさつ》がその知徳の光を和らげて隠し、俗世にまじって、悩める人々を教化《きょうけ》し救うことをさしています。高みに立たず、自分の光を表に出すこともなく、衆生《しゅじょう》を救うことに全力を尽くすのです。

禅の修行も、悟りを得て仏になってそれで終わりではありません。悟りの世界で落ち着いてしまうのでなく、「光を和らげ塵に同ずる」のです。もう一度俗世に下りてきて、悟りの光を隠し、仏だ菩薩だなどと看板を背負うこともなく、ただ人々の中に入り、ともに悲しんだり喜んだりしながら、迷い苦しむ人間を救うのです。

私たちも、自分一人が幸せになればそれで終わりではありません。苦しんでいる人があれば素直に手を貸してやりましょう。「助けてやる」なんて思い上がりは厳禁！　みんなが幸せになることを願えばあなたも救われるのですから。

一切唯心造《いっさいゆいしんぞう》

清《せい》も濁《だく》もすべては心がつくりだすもの

お盆に行われる施食会《せじきえ》で唱和する『甘露門《かんろもん》』というお経の一節「若人欲了知　三世一切仏　応観法界性　一切唯心造」から。もともとは『華《け》厳経《ごんきょう》』からの引用。「心外無法《しんげむほう》」も同様の意味。

私たちの周囲のあらゆる存在や現象は「心」の働きであり、すべては「心」がつくりだしたものにすぎないという意味です。西洋哲学にも「唯心論」があり、心を「脳」に置きかえて同じようなことを言っている学者もいます。仏教では「世界は心がつくりだすもの」として、心が濁《にご》っていればどんなに美しいものも濁って映り、清い世界は清い心にしかあらわれないと言い切ります。

江戸中期に生きた臨済宗の高僧、白隠《はくいん》の逸話があります。あるとき若い武士に「地獄の有無」を問われた白隠は、やにわに武士をにらみつけ、「武士のくせにいまさら地獄の有無を問うとは呆れ果てた、不忠の臣、腰抜け侍！」と口を極めて罵倒《ばとう》し始めました。あまりの屈辱に耐えかねた武士が刀に手をかけ、鬼の形相で白隠に斬りかかろうとした瞬間、白隠は「そこが地獄よ！」と一喝します。我に返った武士が「地獄の所在、しかとわかりました」と平伏《ひれふ》すと、白隠はにっこり笑い、「そこが極楽よ」と言ったということです。

地獄も極楽も私たちの心の中にあり、心がつくりだすものにほかなりません。すべてはあなたの心のあらわれ。だからこそ心を清く保つことです。

応《まさ》に住《じゅう》する所《ところ》無《の》うして其《そ》の心《しん》を生《しょう》ずべし

心はいつも自由に遊ばせておけ

『金剛般若経』の一節、「応《おう》無《む》所《しょ》住《じゅう》而《に》生《しょう》其《ご》心《しん》」から。何ものにもとらわれない心ですべてにあたれということ。「住する」とはひとつところにとどまること。

この世のいっさいは空《くう》であり、永遠に存在するものなどあり得ないという大乗仏教の考え方を「色即是空」(50ページ)で述べました。

心もまた、かたちも居場所も決まっているわけではなく、喜怒哀楽をはじめ常に変幻自在に変わっていくものです。心が変化し、動きつづけるからこそ人は生きていけるのです。愛する人を失った悲しみや他人への怒りに心が永遠にとどまっていたら、これはもう人間らしく生きていけませんね。

この禅語は、「心をひとつところにとどめず、ことに応じて自在に動かしなさい」という意味です。心がどこかにとどまるとは執着心を起こすこと。怒りや悲しみはもちろん、喜びや楽しいと思う気持ちもすべて執着であり、これが人間に迷いや苦しみを生む根本原因です。

心を何色にも染めず、いつもまっさら、どこにでも動きたいように動けるニュートラルな状態にしておきましょう。それでこそ何が起きても臨機応変に対処できます。喜ぶべきときに喜び、怒るべきときに怒って、あとは心を縛らず自由に遊ばせておくこと。じつはこれが「妄想」を生まない一番の健康法みたいですよ。

明珠在掌《みょうじゅたなごころにあり》

あなた自身が尊い宝物を持っている

明珠とは透明で曇りのない珠玉《しゅぎょく》（宝石）のこと。ここでは「仏性」「仏心」を明珠になぞらえている。掌とは手のひら。自分の中の仏性に目覚めて生きよということ（『碧巌録』）。

『法華経・五百弟子授記品《じゅきぼん》』に、こんなたとえ話があります。

ある貧しい男が裕福な親友を訪ね、歓待を受けます。親友はなんとかこの男を貧窮から抜け出させてやろうと思い、男が寝ているうちに、一生お金に困らないほど価値のある「明珠」を着物の裏に縫い込んでやります。

しかし、男はそれに気づかず、ますます貧乏になり、物乞《ものご》いに身をやつして流浪の日々を送ります。その後、偶然再会し男の哀れな姿を見た親友は、「ずっと宝物を肌身につけていながら、それに気づかずに苦しんでいたとは、なんてばかげた生き方をしていたのだ」と、「明珠」のありかを示します。言われて男はやっと「明珠」に気づき、心の平安を得てゆたかに暮らしたということです。

私たちも、自分が持っている美しい宝物に気づかず、外ばかり見てもがいたり、苦しんだり、泣いたりしてはいないでしょうか。でも、だれでも「明珠」、つまり仏の心を持って生まれているのだから、みずから気づいてそれを磨けば、きっと明るい輝きを放つというのがこの禅語です。「明珠」はあなただけの個性や能力と置きかえることもできます。それに気づき、信じて、磨きましょう。

松樹千年翠《しょうじゅせんねんのみどり》

変わらぬものの価値を見失わないで

「松樹千年翠　不入時人意（時の人の心に入らず）」という語句から、世の人の目には入らないが変わらぬ松の緑を讃《たた》えることば。もともとの語は「松柏千年青」（『広燈録』など）。

今年もお花見はしましたか？　モミジ狩りも予定してますか？

春には花見、初夏は新緑、秋は紅葉と、日本人はそうした変化、四季の移ろいを好み、美しいと感じます。変化を追いかけるだけでも、一年中観光旅行ができるかもしれませんね。

一方、緑の葉を一年中保ち、変化にとぼしい松の木は、人の目をひくことは少ない存在です。しかし、海のそばや断崖などのきびしい環境でも、しっかり根を張り、長寿の象徴にもされる強い生命力を持っています。

変わらぬ緑を保つのも、ただじっとしているわけではありません。表立っては目立たない小さな変化を繰り返しながら風雪に耐え、「千年の翠」を維持しているのです。

私たちは、世の中の新しいもの、華やかなもの、面白おかしくどんどん変わっていくものばかりに目を奪われがちです。

しかし、仏法・真理が不変であるように、変わらぬものの価値を見失ってはいけないし、目立たぬけれど確かな存在があることを忘れてはいけないでしょう。

一大事《いちだいじ》

今日をどう生きるかが最も大事

「生《しょう》を明《あき》らめ死を明らむるは仏家一大事の因縁なり」（道元禅師）から。「一大事」とは仏法における最も大切なことをさす。『修証義《しゅしょうぎ》』（道元禅師の『正法眼蔵』の抄録）の冒頭に見られることば。

生とは？　死とは？　私たちはなんのために生まれ、どう生きるべきなのか？　それを少しでもあきらかにすることが仏道を行く者のつとめであると、道元禅師は言っています。

　これは禅者や仏門の者のみならず、人類すべてが永遠に問いつづける命題でしょう。だからこそ「一大事」、最も重要なことであり、これをあきらかにするためにも、また、あきらかにできずとも生をより実のあるものにするためにも、人の一生に無駄にできる時間はないのです。

「生死事大《しょうじじだい》　無常迅速《むじょうじんそく》　各宜醒覚《かくぎせいかく》　慎勿放逸《しんもつほういつ》」

　これは、禅寺で朝夕の時を告げるために打ち鳴らす木板《もっぱん》という法具に墨書される語句です。時は人を待たずすみやかに流れる、無駄に費やすことなく修行に努め一大事に向き合えという戒めです。白隠の師の正受《しょうじゅ》老人は、「一大事と申すは今日ただ今の心なり、それを疎《おろそ》かにして翌日あることなし」と説いています。

　高僧でも哲学者でもなくても、「今日ただ今」を懸命に生きることはできます。それを忘れずに生きていきましょう。

◆「無《む》」「空《くう》」ってなんのこと？

禅のことばによくつかわれるのが「無」や「空」という語です。なんにもナイとか、カラッポとか、ただそれだけではないところが、この語のむずかしいところでしょう。

仏教や禅でいう「無」は、「有る・無し」の無ではなく、「ものの本性はかたちのないもので、限定することができない、固有の実体を持たない『無相《むそう》』である」ということです。「空」も同じ意味です。『般若心経』の一節である「色即是空《しきそくぜくう》」（50ページ）で示すように、いっさいの存在は無であり（色即是空）、しかも「無」それ自体が存在そのものである（空即是色《くうそくぜしき》）ことをいいます。

「無」だ「空」だといっても、われわれは肉体を持っているし、かたちのあるモノに取り囲まれて生活しているではないか、と思う人もいるでしょう。しかし私たちも死ねば灰になるか土にかえり、いつかは現世から消えるように、この宇宙に永遠にそのかたちをとどめる物質的現象はないということです。

「無」も「空」も禅の入り口であって、到達点でもあるといわれます。少しでも「無」の境地を感じてみたければ、坐禅を体験してみることもおすすめです。

第三章

やさしく生きる・つよく生きる

主人公《しゅじんこう》

本来の自分を目覚めさせよう

『無門関』十二則にある「瑞巌《ずいがん》主人公」が出典として有名。「瑞巌の師彦《し》和《げん》尚、毎日自ら主人公と喚《よ》び、復《ま》た自ら応諾《おうだく》す」とある。

「主人公」も禅語のひとつ。ドラマで主役が演じる人物のことではないんですね。主人公とは本心本性の自己、「真実のあなた」のこと。俗世のホコリにまみれたいまのフツーのあなたは、主人公ではありません。

昔、瑞巌寺の師彦《しげん》和尚は、毎日自分で自分に、「おーい主人公、師彦和尚よ！」と呼びかけ、自分で「はい！」と返事をして、「しっかり目を覚まして本来の面目《めんもく》を保っているか？　人をだましたりだまされないよう真実のおのれの状態でいるか？」「はいはい！」と自問自答していたそうです。

禅でいう主人公とは、「本来の面目」、つまり仏性《ぶっしょう》を具《そな》えた本来の自己、真実の自己ということです。純粋な自分と言いかえてもいいでしょう。

周《まわ》りの目を気にしたり、無理な背伸びをしたり、いやいやながら人をあざむいたり、快楽ばかり追いかけていたり……。もしそんな自分を感じることがあったら、ほっぺたをひっぱたいても、「おーい」と主人公を呼び出しましょう。純粋で、自由で迷いがなく、人を愛し、愛されたいはずの、本来の自分を目覚めさせましょう。自分の中の主人公を忘れずに生きましょう。

随処《ずいしょ》に主《しゅ》と作《な》れば立処《りっしょ》皆《みな》真《しん》なり

ブレない自分は「無心」でつくる

臨済禅師が弟子たちに語ったとされる。「随処に主と作る」とは、どこでも自分が主役やリーダーになれということではなく、常に真実の自己を見失うなということ（『臨済録』）。

このことばの意味するところは、「いつどこにあっても真実の自己を見失わず行動しなさい。そうすれば、どこであろうと真実のいのちと出会える」ということです。もう少しかみくだくなら、「どこにいても周りに振りまわされることなく、自分の純粋な心を忘れずにものを見て、精一杯の真心で行動しなさい。そうすればどんな環境にいようと人生の真実や生の意味が発見できる」といったところ。

しかし、この「随処に主と作る」のがじつは大変。どんな状況でも自分らしさを保つというのは容易ではなく、真実の自己（主人公）という土台がしっかりしていないと、外からちょっと圧力がかかっただけでどこかへ転がっていってしまいそう。では、どんなときもブレない自分を保つにはどうすればいいか？

最新のビルの免震《めんしん》装置は、地震がきてもユラーリユラリと揺れを吸収しながら中心軸がきちんと戻るようにできていますね。あれの応用が有効。どんな現実に放り込まれても自然体でいられる心の免震装置、それはすなわち「無心」であること。執着のない無心であればこそ「随処に主と作る」ことができそうです。

他《た》は是《こ》れ吾《われ》にあらず

今日なすべきことを自分でやりきる

道元禅師が宋に留学中に出会った典座《てんぞ》（炊事係の長）との会話から。「他人は他人」という自己中心的な意味ではなく、自分のための修行は自分でやらないと無意味だということ（『典座教訓』）。

若き日の道元が宋の天童山景徳寺にいたときのこと。ある日、典座の老師が茸《きのこ》を並べて干しているのを見た道元は、老師の体を心配し、「ご自分でなさらずに、だれか若い者にやらせてはいかがですか」とことばをかけました。

老師は「他是不吾（他は是れ吾にあらず）」とするどい口調で答え、道元をはねつけました。「他人がしたのでは、わしがしたことにはならん」というわけです。

老師にとっては茸を干す作務《さむ》も大切な修行のひとつ。いま自分がやるべきだからやっているのであり、人にさせては修行にはならないと主張したのです。

いまやるべきことは、自分がいちばんよく知っているはず。あなたが何かやろうとするとき、「いまやらなくても大丈夫」「だれかにやってもらえば」「そんなことしなくていい」など、いろいろ言ってくる人がいるかもしれません。でも、あなたが「やる」と決めたなら最後までやりきりましょう。「他是不吾」には、「いま自分ができる限りのことをする」という意味もあります。人の助言や忠告はありがたいものですが、それに左右されず自分でやり通すことも、ときには必要です。

隻手音声《せきしゅのおんじょう》

声なき声はどこで聴くか

「両掌《りょうしょう》相打って音声あり、隻手に何の音声かある」という白隠の有名な公案《こうあん》。隻手とは片手。公案とは修行者が悟りを開くために課題として与えられる問題のこと（『白隠全集』）。

「両手を打てば音が響くが、片手ではどんな音がするか?」

打てない片手の音をどう聴くかという、江戸中期の禅僧、白隠の有名な公案です。公案は修行者を思慮分別や日常的な思考を超えた世界に導くためのもので、いわば謎かけ。「隻手音声」はその代表的な例です。

これを頭で考えたり、耳で聴こうとしてもだめです。悟りの前段階として「疑団《ぎだん》」(頭だけで疑うのでなく全身が疑いのかたまりになる)という状態がありますが、理屈や分別が尽き果て、ことばさえ出ない疑団の境地に入ったとき、ただひたむきに「行住坐臥」(64ページ)の修行に打ち込めば、忽然《こつぜん》として無明《むみょう》の壁が破られ、光が見えてくる(悟りが開く)と白隠は言っています。

「隻手音声」に何か意味のある答えを出そうとしても無駄でしょう。

ただ体中を「?・?・?」で埋め尽くすだけでもいいのです。世の中にはことばでは説明できないことがたくさんあります。あなたに向かって、無言で何かを訴えつづけている人だっているかもしれません。その声なき声は、耳ではなく、全身全霊でしか聴き取ることができないのです。

誰家無明月清風《たがいえにかめいげつせいふうなからん》

さあ、窓を開けて深呼吸

明るい月の光やさわやかな風がとどかない家がどこにあろうか。仏心は平等であることを示す圜悟克勤《えんごこくごん》のことば（『碧巌録《へきがんろく》』）。

月の光や心地よい風は、みすぼらしいあばら家にも立派な邸宅にも、なんら変わることなくいきわたります。光も風もすべての上に平等にみちているのです。

この「明月清風」は仏の心を象徴しています。仏の慈悲はだれにでも平等に注がれ、だれの心にも仏心は等しく宿《やど》っているのに、それに気がついていないだけだと、この禅語は言っています。気がつかないのは、心の目を閉じ、心の窓を閉じてしまっているから。自分から窓を開けて、月の光も風も十分に取り込んでください。

ここまでにも説明してきたように、だれもが仏心を持って生まれてきているというのは仏教の基本的な考え方です。知識や才能の有無も貧富も関係なく、私たちはみな心の奥底に「仏性」（仏になる資質）というものを持っています。それでいながら、人を憎んだり傷つけたり、恐れや欲望を胸に一生を終えてしまうとしたらなんと悲しいことでしょう。これらの迷いや執着から自分を解き放ち、自分の中の仏性に目覚め、みずから仏に近づこうとすることが禅の修行にほかなりません。禅は、やさしく、つよく、心安らかに生きるための教えなのです。

雪裡梅花只一枝《せつりのばいかただいっし》

苦難に耐えてこそ真実をつかむことができる

道元禅師の師・如浄《にょじょう》のことば「瞿曇打失眼睛時　雪裡梅花只一枝　而今到處成荊棘　却笑春風繚亂吹」より。「瞿曇《くどん》（ゴータマ）」は釈迦のこと、「眼睛《がんせい》」はひとみのこと（『正法眼蔵《しょうぼうげんぞう》』）。

如浄のことばは――仏が凡夫《ぼんぷ》としての眼を失ったとき（悟りを得たとき）、雪の中に一枝の梅の花が香る。いまはどこも茨《いばら》だらけだが、春風が吹けば梅の花がいっせいに咲き乱れるだろう――というような意味です。この梅花は「悟り」の象徴であり、仏の世界そのものをさしてもいます。

これを受けて道元禅師は『正法眼蔵』の中で、「而今《にこん》すでに雪裡の梅花まさしく如来《にょらい》の眼睛なりと正伝《しょうでん》し承当《じょうとう》す」と述べています（「承当」は受け継ぐこと）。雪の中の梅花は仏の悟りの眼そのものであることをしっかり伝え継いでいきます、と言うのです。

そうしてみると如浄のことばは、「いまはみな蕾《つぼみ》もなく茨だらけだが、やがていっせいに花を咲かせる（悟りを開く）だろう、その花にこそ真実があるのだ」と述べながら、仏道を歩む弟子たちへの励ましでもあったことがわかります。

冬のきびしさに耐えてこそ、梅は香《かぐわ》しい花を咲かせます。

私たちにとっては、苦労を重ねて達成したり実現したことが「雪裡の梅花」でしょう。そこにはかけがえのない価値があり、確かな真実があるのです。

和《わ》敬《けい》清《せい》寂《じゃく》

互いを認め合うことがはじまり

茶祖《ちゃそ》とされる村田珠光《むらたじゅこう》が一休宗純《いっきゅうそうじゅん》に禅の心をもって茶を点《た》てるようすすめられ、茶道の心をしるしたことばがもとという。のちに千利休が茶道の根本精神として示して広く伝わった（『茶祖伝』序文）。

和というのは、日本人が最も大切にしてきたことのひとつでしょう。「和を以《もっ》て貴《とうと》しと為《な》す」とは、聖徳太子《しょうとくたいし》の十七条憲法にあることば。日本が国家として体裁をととのえ始めた七世紀はじめに、すでに「和」が私たちの心を支える大事な背骨とされていたのです。

人と人との関係だけでなく、料理の味付けから芸術における調和、野球などのスポーツでも「チームの和」なんてことを大事にしますね。

「和敬清寂」の四文字は、禅や茶道の世界だけにとどまらず、日本人の求める心を簡潔にあらわしています。「一期一会」(42ページ)の縁で出会った者同士が、和やかに打ちとけて、互いを敬《うやま》い尊重し合う。清らかな心で生きて、「寂」、すなわち悩みも迷いもない純粋で透明な境地にいたること。「和」の心で互いを認め合えば「敬」が生まれ、「清」を得て「寂」にいたるでしょう。四つの文字はみな結びついています。

四つの字を眺めているだけで心がすうっと落ち着いてくるような気がしませんか。どんなに時代が変わっても、忘れたくないことばです。

宇《う》宙《ちゅう》無《に》双《そう》日《じつなく》
乾《けん》坤《こん》只《ただ》一《いち》人《にん》

天地に我一人、自信を持って生きていこう

「宇宙無双日」とは、宇宙に太陽は二つないということ。「乾坤」とは天と地。「乾坤只一人」とは天と地の間に自分ただ一人であるということ（『嘉泰普燈録』『五燈会元』など）。

広大な宇宙にたった一人きりでいる私？

いいえ、これはそんな孤独な存在をイメージすることばではありません。

宇宙無双日、つまりひとつしかない太陽がすべての自然に恵みをもたらしているように、自分も慈悲の心をすべてのものに注ぐことができる存在であるはずだ、ととらえるべきことばなのです。

天地に我一人、自信を持って生きなされ、という解釈でもいいでしょう。

「只一人」とは言いかえれば「無位の真人」（66ページ）としてのあなたなのです。内に仏そのものを抱えているはずのあなたです。仏ではおそれ多いというのなら、真理を求める心とか、本来のあるべき人間性というものを内に持って生まれてきているはずのあなたです。

うまく生きられない、生き方がわからない……。もしそんなふうに迷ったときは、自分を見つめすぎることをやめて、無我無心で万物を慈《いつく》しんでみましょう。空がきれいだ、風がさわやかだ、子供たちの笑顔がすてきだ、そんなふうに世界を素直に感じとるだけで、心というのは少しずつ満たされていきます。

可及其智《そのちにはおよぶべきも》不可及其愚《そのぐにはおよぶべからず》

利口になるより大馬鹿になってみよう

悟りにいたっても、悟りを得たという自我まで捨てきれなければ真の悟りではないことを「愚」のことばで示したもの。もとは「其知可及也《そのちやおよぶべし》其愚不可及也《そのぐやおよぶべからず》」（『論語』公冶長篇）。

かみくだけば、「お利口にはなれても、バカになるのははるかにむずかしい。そのバカにおまえはなれるか」という問いかけの意味を持ったことばです。

愚とはなかなかに深いことばで、あの良寛さんは「大愚良寛《たいぐ》」という名前でした。親鸞《しんらん》上人はみずから「愚禿《ぐとく》（愚かな坊主）」と称したそうです。また「守愚《しゅぐ》」という書を好む人もいます。

どうも、お利口にはない超然とした尊さが「愚」にはあるのです。

禅師がみずからを愚と称するのは、謙遜や卑下ではなく、悟りを得たあとのしたり顔や、知恵を得た者がまきちらす慢心《まんしん》のにおい、これを戒める心のあらわれでもあるでしょう。

「策士、策に溺れる」といいますが、賢い者、才能ある人間は、その知識や才に頼ることをやめられません。悟りの境地に達したとしても、才子はその才を捨てきれないのです。

悟りを超えて悟りさえ忘れ、そのにおいすらしない、さらに純粋な「愚」に達すること。これこそ「大愚＝大馬鹿者」の境地といえるでしょう。

啐《そっ》啄《たく》同《どう》時《じ》

殻を破るべきタイミングを逃さずに

『碧巌録』第十六則に「およそ行脚《あんぎゃ》の人は須《すべか》らく啐啄同時の眼を具《ぐ》し、啐啄同時の用《ゆう》あって、まさに衲僧《のうそう》と称すべし」とある。「用」ははたらき、「衲僧」は真の禅僧の意。

この「啐」とは、いままさに生まれ出ようと雛《ひな》が卵の中から殻を破ろうとすること。「啄」は、親鳥が外からくちばしで卵の殻をつつくこと。それが同時というのは、生まれ出ようとするものと、それを手助けしようとするもののタイミングがピッタリ合うことを示しています。

禅門では、解脱《げだつ》し悟りを得ようとする修行者と、それを導く師の関係をあらわし、とくに「啄」にあたる指導者側が機をとらえて悟りのきっかけとなる一助を与えることをいいます。時機が早すぎてもかえって迷いを深め、時機を逃してしまうと解脱はますます遠ざかってしまいます。悟りを開かんとする「啐啄の機」を逃さず、師弟が同時に働きかけることが大事なのです。

機を逃さないために重要なのは、相手がいまどんな状態なのかをよく理解してやること。親と子や、上司と部下、スポーツの師弟関係も同じです。相手を見ず、ただやみくもに外からつついているだけではだめなのです。

「自分を信じて、もうひとふんばりしてみろよ」。そんな何げないひとことでも、機に応じたものであれば相手に響き、大きな力を与えることができるのです。

一華開五葉《いっけごようをひらく》

無垢《むく》な心にはいつか果実がみのる

達磨大師が二祖（二代目開祖の意）の慧可《えか》大師に仏法を伝えたことば「付法伝授の偈」にある。対句は「結果自然成《けっかじねんになる》」。のちに五代を経て禅宗が五派に分かれて花開くであろうと予言したことばとされる（『少室六門集』）。

一輪の花が美しい五弁の花びらを開き、やがて立派な果実をみのらせる――。

このことばで達磨大師は禅宗がやがて五派に分かれて栄え、多くの人の迷いや苦悩を救うであろうことを予言し、慧可に未来への希望を託しました。

一方で、五葉を開くとは禅宗の発展だけではなく、心の花を開くことだという解釈も見られます（『禅語百選』松原泰道氏など）。心を開き純粋な五つの心智《しんち》（五智）に目覚めることができれば煩悩も妄想も消え、本来の無垢な自己に立ち返ることができるということ。この五智とは次のようなものです。

「大円鏡智《だいえんきょうち》」（生まれながらにして持つ無垢でありのままの心）、「平等性智《びょうどうしょうち》」（周りのすべてのものが仏性を有し平等であると知る心）、「妙観察智《みょうかんさっち》」（平等の中にもそれぞれの個があり違いがあると知る心）、「成所作智《じょうしょさち》」（仏の心と同じく他を思いやり大切にする心）、「法界体性智《ほっかいたいしょうち》」（身の周りにあるすべてのものは仏のあらわれと知る心）。

五智に目覚めることは、すなわち仏性に目覚め、仏に近づくことです。いくつ年を重ねても純粋な心を忘れず、小さくても美しい花を咲かせましょう。

行雲流水《こううんりゅうすい》

身を軽くして生きてみる

行く雲、流れる水のようにゆうゆうと自在に場所を変え、いっさいのものに執着することなく生きること。またそうした悟りの境地をいう（『黔南会燈録《けんなんかいとうろく》』など）。

雲はなんのこだわりもなく空に漂い、流れる水は一か所にとどまることがありません。「行雲流水」とは、そうした何ものにもとらわれることのない生き方を示したことばです。

ぽっかり浮かんだ〝はぐれ雲〟を眺めて、あんなふうに自由に生きてみたいものだと思ったことがある人もいるかもしれません。しかし、「自由に生きましょう」と言うのは簡単ですが、実際にすべての執着を捨てて「行雲流水」のごとく生きるのは容易なことではありません。家族も家も、地位も持たず、何ものにもこだわらずに生きるということですから、これは仏法にしたがい悟りを得た者だけがとれる生き方といえるでしょう。

修行僧を「雲水《うんすい》」と呼びますが、それはこの「行雲流水」からとったもの。雲水は一か所にとどまらず、師を求めて各地を行脚《あんぎゃ》しながら修行をつづけます。師とは高僧だけではありません。日々出会う人々や自然もまた師となるのです。

せめて心は雲のように水のように。そしてこの雲水の身軽さと、自分の周りのものすべてを師とする姿勢を見習って生きてみませんか。

百花春至為誰開《ひゃっかはるいたってたがためにかひらく》

与えられた命をただ無心に生きる

冬枯れの季節をすぎて春風が吹けば、野にはたくさんの花が咲き乱れる。だれのためにでもなく、ただ命のままに咲く花の無心を詠じたことば（『碧巌録』）。

春にいっせいに咲き乱れる野の花も、観賞用に庭に植えられた花も、春の訪れを知らせようと咲くわけではなく、人の心を和ませるために咲くわけでもありません。

花はただその生命のおもむくままに、無心に咲き、無心に散っていきます。

だれのためでもなく、ためらいも不平もなく、そのすがたを誇ることもなく、与えられた場所で、ただありのままに精一杯咲くだけです。

人はあれこれとはからいながら生きることをやめられません。

「はからい」とは考えや配慮のこと。「ああしたいこうしたい」「こうなるといいな」など意志によって行動することです。

花を見てごらん、そんな「はからい」も何もなく、ただありのままに咲いているだけなのに、みなそれぞれの色かたちで山野を彩り、私たちを慰め、楽しませてくれているではないか——。

不平不満やちっぽけな「はからい」に惑わされず、ただ無心に生きることの尊さをこの禅語は教えてくれます。

不雨花猶落《あめならずしてはななおおつ》

真理はほら、そこにある

「槿《きん》花《か》露《つゆ》を凝らし、梧葉《ごよう》秋になる、この中現成《げんじょう》の事如何《いか》が提唱せん」という修行僧の問いに趙州和尚が答えたことばとされるが、原典は不詳。

趙州和尚は八十歳まで諸国を行脚《あんぎゃ》し、「口唇皮子上《こうしんぴしじょう》に光を放つ」と称された名僧です。すでに紹介した「放下著」（14ページ）や「喫茶去」（36ページ）など、趙州のことばが禅語としていまに生きている例はたくさんあります。

修行僧が夏の終わりに問いかけます。「あさがおの花は露をため、あおぎりの葉は秋の色です。この現実からどんな真理を得るべきでしょうか？」。和尚の答えは、「不雨花猶落　無風絮自飛（雨ならずして花猶落つ、風無くして絮自《いと》から飛ぶ）」。雨など降らなくても花は落ちるし、風がなくても柳の絮は飛んでいく、それがどうしたと言うんじゃ――。花は雨にうたれなくても咲いたときから落ちることが宿命なのだし、柳の種子（白毛があり柳絮《りゅうじょ》と呼ばれる）は風がなくてもひとりでに飛んでいくのがその命の証《あか》し。理由などありません。それが天然自然の真理で無常というもの。

「おぬしが見た風景は真理そのものではないか。なぜちゃんと見ない？」

理屈ばかりでものを考え、目の前の風景さえあるがままに見ようとしない私たちも、和尚にぴしゃりとやられた気がしませんか？

眼横鼻直《がんのうびちょく》

当たり前のことを、当たり前に

道元禅師が、宋に渡って如浄《にょじょう》のもとで悟りを開き、帰国したとき語ったことば「眼横鼻直なることを認得して他に瞞《まん》ぜられず」から（『永平広録』）。

大変な苦労の末に息子を海外留学に出し、数年後やっと帰ってきたと思ったら、手ぶらで何も持っていません。「で、何を学んできた？」と訊くと――。

「はい、眼は横に並んでいて、鼻は縦についていることです」、こんな答えを聞いたら、「おまえはいったい向こうで何をしていたんだ⁉」と親はひっくり返ってしまうかもしれませんね。

道元禅師が宋で悟りを開いて帰国したときも、「空手にして郷に還る（空手還郷《くうしゅげんきょう》）、所以に一毫《いちごう》の仏法なし」と述べたように手ぶらだったそうです。

「眼横鼻直」は同じときに言ったことばで、単純ですが深い意味があります。

眼は横に、鼻は縦に……そんなことはだれでも知っています。しかし、そうした当たり前のことを当たり前として受け止め、あるがままに心に入れること、それが仏法の真髄であることを道元は会得《えとく》しました。だからもう参考書は必要なく、中国の経典などは何も持ち帰らなかったのです。

禅とは、何も特別にむずかしい教えを会得することではなく、私たちが生きるこの場所の、当たり前のことに真理があることに気づくことなのです。

逢茶喫茶《ほうさきっさ》
逢飯喫飯《ほうはんきっぱん》

ごはんのときはごはんを無心にいただこう

曹洞宗総持寺《そうじ》の開山・瑩山《けいざん》禅師が、師である義《ぎ》介《かい》のもとで悟りを得たときのことば。「茶に逢《おう》ては茶を喫《きっ》し、飯に逢ては飯を喫す」と読んでもよい。「喫茶喫飯、時に随《したが》って過《す》ぐ」も同様の意味。

お茶が出たらお茶を飲み、ごはんが出たらごはんを食べる――。ごく当たり前のことです。が、この当たり前をきちんとやるのは容易ではないのです。

お茶が出たら、「コーヒーがよかったな」とつい思ったり、ごはんのときに「好きなおかずがない」と残念がったりしていませんか？　テレビを見ながら、あるいは新聞や雑誌を読みながらごはんを食べる人も多いでしょう。

「お茶が出たらひたすらお茶を飲みなさい。ごはんのときは、ひたすらごはんを味わいなさい」というこの禅語が意味するのは、より好みなどせず、縁にしたがい、目の前のことに素直に集中するということ。澄んだ心で、何事にも自然に当たり前に対処すること。「喫す」という語で、人生の受け止め方をさりげなく教えることばなのです。

実際、食事のとき、色とりどりのおかずを目でも味わい、ごはんの湯気にふれ、料理をつくった人に感謝しながらよく噛《か》んで味わえば、おいしさも倍加します。食べる喜びに集中すると、食材を育てた人たちや大地への感謝の念も自然と生まれてくるものです。

自《じ》灯明《とうみょう》　法《ほう》灯明《とうみょう》

自分とその信じるものをよりどころとして

釈尊《しゃくそん》（釈迦）が亡くなる間際、弟子が、「師が亡くなられたあとは何を頼りに生きたらいいのでしょうか？」とたずねた。そのとき釈尊が示したのが「自らを灯《あか》りとせよ、法を灯りとせよ」ということば（『涅槃経』など）。

闇の中で前を照らす灯りがなくなったらどうしますか。

進むのをやめる？　後戻りする？

そんなときは自分自身を灯明だと思って進めばいいのです。

自分の生き方、自分の存在こそ前を照らすヘッドライトだと思えばいい。自分を信じて、前に進みましょう。それが「自灯明」です。

だれも足下を照らしてくれないからといって、泣き言をいっている余裕はありません。もし道を踏み外したら、だれのせいでもなく、あなた自身の責任です。「自灯明」は、依頼心を捨てることのきびしさを教えることばでもあるのです。

自分を灯明にする自信などない、という人の支えになるのが「法灯明」。仏法つまり仏の教えが灯りとなってあなたの足下を照らすでしょう。

自灯明で道に迷ったときも、自分が信じるものをよりどころとして、「法灯明」で進めるはずです。

闇の中で途方にくれて時間を無駄にするより、一歩ずつでも自分自身を灯りとして進むことです。

月落不離天《つきおちててんをはなれず》

人も月も仏の世界から離れることはない

雲門文偃《うんもんぶんえん》が開いた雲門宗（唐代末に栄えた禅宗のひとつだがのちに衰退）の福厳守初《ふくごんしゅしょ》や、臨済宗の浄因道臻《じょういんどうしん》のことばとして知られる（『五燈会元』）。

月は西の空に沈んで見えなくなりますが、翌日になればまたそのすがたをあらわします。昇っては沈むことを繰り返しながら、常に天から離れることのない月を、仏法の象徴としたのがこの禅語です。

福厳守初は、修行僧に「仏法とはどのようなものか」と問われて、「水流元在海　月落不離天（水流れて元の海に在り、月落ちて天を離れず）」と答えたといいます。言わんとするところは明快です。

――水はさまざまな場所を流れていくが、行き着くところはもとの大海だ。月は昇っては西に沈むが、常に天にあることは変わりない。水や月と同じように、人もさまざまに生きるが、けっして仏の世界から離れることはないのだ――。「水と海」「月と天」という目に見えるものを示しながら、真理としての仏法は何か特別なものとして特別な場所にあるのではなく、「常にここにあるんだよ」と説いたのがこのことばです。

真理は目に見えないものですが、常に私たちのそばにあり、離れることはありません。人は迷い、ふらふらと寄り道ばかりしてしまうもの。しかしいつかは真理に帰っていくのです。

白《はく》馬《ば》蘆《ろ》花《か》に入《い》る

同じに見えてもひとつではない

蘆花とは芦《あし》の花で、秋に多数の白い小花をつける。白い馬が芦の花の中に入り、見分けがつかなくなるようすをいう。「銀椀《ぎんわん》に雪を盛る」「明月に鷺《ろ》を蔵《かく》す」も同義語（『碧巌録』）。

群生する白い芦の花の中に白馬が入ったら、見分けがつかなくなります。

しかし、白くひとつに見えても、蘆花と白馬はあくまで別のものです。

ひとつに見えても別のもの、別のものだがひとつのもの。

その両方をそのまま受け入れることを示したのがこのことばです。

これは仏教の「不一不二《ふいつふに》」の考え方（娑婆《しゃば》と浄土《じょうど》、凡夫《ぼんぷ》と仏などの関係を「一にあらず二にあらず＝ひとつだが別のもの、別のものだがひとつのもの」として不一不二の関係という）を根底におくことばですが、あまり深い解釈にこだわるよりも、美しい禅語のひとつとして覚えておきたいものです。

この禅語を私たちの生活に生かすなら、「一見同じに見えるものも、その違いを見分ける目を失わない」「みなひとくくりに同じ色に染められてしまうような場でも、自分は自分であり、他人もそれぞれ違いを持っていることを忘れない」という意味を加えてもいいでしょう。

あなたと同じ人はいないように、同じに見えても人の個性や考え方はさまざま。「同じだよ」と決めつけてしまう前に、この禅語を思い出してください。

身心脱落《しんじんだつらく》

心と体を覆《おお》っているものをそぎ落とそう

道元禅師が修行のため宋に渡り、天童山の如《にょ》浄《じょう》のもとで悟りを得たときの問答に見られることば（『正法眼蔵』など）。

一日の始まりに体操やストレッチをして体をほぐすと、血液の循環がよくなり、全身がほかほかしてきます。しばらくすると体がすっきり軽くなってきますが、体がすっきりすると心も軽快になったような気がしてくるから不思議です。

「身心脱落」とは、心を覆っていた妄執《もうしゅう》や煩悩のしがらみがなくなり、清々《すがすが》しくせいせいとした境地に達すること。中国へ渡り、師の如浄のもとで修行をした道元禅師は、あらゆる束縛から解き放たれ、悟りを得た朝、師に「身心脱落」したと告げました。身も心も澄みきった境地が「身心脱落」です。

妄執は心だけでなく体も覆っています。だから日常のすべての所作《しょさ》が禅の修行。道元禅師は、手を組み足を組んでの坐禅こそ、体と心の曇りを払い、明鏡止水のような澄みきった心身を取り戻すためのものと主張します。

私たちも、心と体を曇らせているものをときどき洗い直す必要がありそうです。こり固まった心もストレッチしてほぐしてあげましょう。一日ほんのわずかでも坐禅や瞑想をする時間を持つだけで、心身ともに軽やかになりますよ。

拈《ねん》華《げ》微《み》笑《しょう》

微笑みだけでも心は通う

釈尊がある説法のとき無言で一輪の花を差し出すと、ただ一人の弟子だけが微笑を返し、釈尊はその弟子に真実のいっさいを伝えたという故事による（『無門関』など）。

「拈華微笑」とは、一輪の花を拈《つま》み、微笑むこと。

「真意は心から心に伝わるものだ」ということを示す禅語です。

霊鷲山《りょうじゅせん》での法会《ほうえ》の席で、説法を聴くために詰めかけた会衆《えしゅ》を前に、釈尊は何も言わずに、手にした金波羅華《こんぱらげ》という花を差し出しました。そこには大勢の弟子がいましたが、みな何もわからず黙っていました。このとき、ただ一人摩訶迦葉《まかかしょう》だけがにっこり微笑んだのを見て、釈尊は言いました。

「私に正法眼蔵《しょうぼうげんぞう》、涅槃妙心《ねはんみょうしん》、実相無相《じっそうむそう》、微妙《みみょう》の法門《ほうもん》がある。不立文字《ふりゅうもんじ》、教外別伝《きょうげべつでん》（文字やことばで伝えられないこと）、いっさいをいま摩訶迦葉に伝える」

この故事から「拈華微笑」の語が生まれ、禅門では「以心伝心《いしんでんしん》」（心をもって心に伝える）で仏法の真髄を伝えるという意味でつかわれます。なぜ摩訶迦葉だけが微笑んだのか？　この場で真に無心であったのは迦葉だけで、釈尊の真心をただ一人心で理解し、それをことばでなく微笑で返したということなのでしょう。このとき釈尊が言った「正法眼蔵」「涅槃妙心」「実相無相」「不立文字」などは仏法の真髄を示すことばとしていまに生きています。（※ここで紹介した語句については次ページのコラム参照）

◆いちばん大切なことは、ことばでは伝わらない

「拈華微笑《ねんげみしょう》」（138ページ）で釈尊が伝えたとされることばを簡単に説明します。

正法眼蔵《しょうぼうげんぞう》　真に正しい仏法、仏法の真髄のこと。正法眼（正しい教えを智慧《ちえ》の目で照らす）と、正法蔵（正しいすべての教えをおさめる）の両方を具《そな》える仏法をさす。道元禅師は自分の著書の題名とした。

涅槃妙心《ねはんみょうしん》　涅槃は煩悩の消え去った心のしずけさ、悟りの境地に通じるもので、説明できない状態であるから「妙心」とあらわす。仏の心そのもの。

実相無相《じっそうむそう》　すべてのものの本当のすがたは無相（いかなるかたちも持っていない）であるということ。

微妙《みみょう》の法門《ほうもん》　人間の常識や考えではとらえることのできない不可思議な（理性や知恵では考えのおよばない）すばらしい教え。

不立文字《ふりゅうもんじ》　文字や語句にたよらないこと。真理はことばや文字で伝えることはできない、知性や概念を超えたものであること。

教外別伝《きょうげべつでん》　仏法は経典によって伝えるものではなく、師から弟子へ、心から心へ、体験と実践を通じてのみ伝えられるということ。禅宗の基本となる考え方。

第四章

こころざしをなくさないで

八風《はっぷう》吹《ふ》けども動《どう》ぜず

逆風にも突風にもたじろがずに

「八風」とは、人の心をまどわし、あおりたてる八つのもの。八風にもゆるがない不動の心を育てよという意味。もとは『寒山詩』にある「八風吹不動」の句。

心をまどわす「八風」とは、利（意にかなうこと）、衰《すい》（意に反すること）、毀《き》（陰でそしること）、誉《よ》（陰でほめること）、称《しょう》（目の前でほめること）、譏《き》（目の前でそしること）、苦《く》（心身を悩ますこと）、楽《らく》（心身を喜ばすこと）。私たちの人生はいつもこれらの風にさらされ、揺り動かされています。人にほめられれば喜び、馬鹿にされれば悔しくて泣きたくなります。

八風が相反する四種のものであるように、生きることは、常に毀誉褒貶《きよほうへん》や苦楽といった表裏一体の風に吹かれながら歩んでいくもの。風向きが変わるたびにグラグラ揺れ動かないように、確固たる信念、不動の心を持てというのがこのことばの真意です。

道元《どうげん》禅師のことばに「恥ずべくんば明眼《めいげん》の人を恥ずべし」というのがあります。心ない人々の悪口やほめことばなどどうでもよい、ただ人生の真理をあきらかに見る人の眼をおそれ、自分の行いを慎めということです。

強風下でも天にあって動じない月のように、どんな風が吹きつけようと「私は私」と信じて、つよい信念を持って生きていきましょう。

紅炉上一点の雪《こうろじょういってんのゆき》

純粋な心を燃やして邪念をけちらせ

『碧巌録《へきがんろく》』に「荊棘《いばら》の林を透《とお》る衲僧家《のうそうか》、紅炉上一点の雪の如し」とある。日本の南北朝時代の高僧、抜隊得勝《ばっすいとくしょう》と月庵宗光《げつあんそうこう》の問答でも知られる。「衲僧家」とは禅僧のこと。

のちに甲斐《かい》・向嶽寺《こうがく》を開く抜隊得勝と、月庵宗光の修行中の逸話があります。仏法を論じているうちに白熱し、勢いの余り月庵が抜隊をねじ伏せ、「白刃《はくじん》で殺されようとするときの一句を言ってみろ」と迫りました。抜隊、動じずに「紅炉上一点の雪」と答えると、「それが溶けたあとはどうする？」と月庵。抜隊は「雨霰《あめあられ》雪や氷とへだつれど　溶くれば同じ谷川の水」と応じました。

真っ赤に燃えている炉の上に雪が落ちても、たちまちジュッと溶けてしまいます。ここでは「紅炉」は仏心・仏性のたとえで、「一点の雪」は煩悩や妄想のことと読めるでしょう。仏心に目覚め、迷いなくそれが光り輝いていれば、どんな煩悩があらわれてもたちまち溶けて水のように流れ去り、それに引きずられることはないということです。

「滅却心頭火自涼」（168ページ）の快川《かいせん》和尚も、門弟の武田信玄《たけだしんげん》に白刃を突きつけられたとき、「紅炉上一点の雪」と言って泰然としていたそうです。

心を熱く燃やして信じる道を行くとき、「紅炉」はあなた自身です。さまざまな邪念や困難も、その情熱でジュッと溶かしてしまいましょう。

水《みず》到《いた》れば渠《きょ》成《な》る

歩んだあとにはひとすじの道が残る

「渠」は溝・掘割《ほりわり》のこと。もとは中国の古詩「学問の根深うして方《まさ》に蔕固く、功名の水到って自から渠成る」（『伝燈録』など）。

水が流れていけばそこには自然と溝ができるという意味です。何もなかった土地も、水が流れて溝ができ、やがて大河になることもあります。

僕の前に道はない
僕の後ろに道は出来る

と始まる高村光太郎の『道程《どうてい》』という詩を思い浮かべる人もいるでしょう。

あなたの歩んだあとにはひとすじの道が残るのです。

『老子《ろうし》』にも「最上の善は水のようなもの」（上善如水《じょうぜんじょすい》）ということが説かれています。水は万物に利益をもたらしながら、けっして他と争わず、丸い器に入れば丸くなり、四角い器に入れば四角におさまる。しかも人のいやがる低い位置に身を置く——というのです。この「水到れば渠成る」という語は、すぐれた師のもとには自然と人が集まってくるという意味に用いることもあります。

急ぐことはないのです。人を傷つけることなく、方向を見失うことなく、粛々《しゅくしゅく》とあなたの信じる「道」を歩んでいきましょう。

名《みょう》利《り》共《とも》に休《きゅう》す

名誉もお金もいらないという覚悟

「名利」は名聞《みょうもん》（名誉）利養《りよう》（お金、財産）の略。道元禅師は「修行者は名聞利養にとらわれてはならない」と戒め、総持寺《そうじじ》を開いた瑩山《けいざん》禅師も「名聞利養は悉《ことごと》くこれを近づくべからず」と説く。

名誉を求めるのも、お金を求めるのもやめてしまおう、ということです。

人間というのは欲のかたまりで、仏教では食欲、性欲、睡眠欲、名誉欲、財欲を「五欲」や「五《ご》塵《じん》」といい、煩悩を生じさせる最も厄介な原因としています。

年をとるにつれて生理的な欲求のほうは次第におとなしくなっていくものですが、名誉欲や財欲については、逆に年をとるほどふくらんでいく人も多いようです。禅宗ではことにこの名利を求めることをつよく戒めます。名誉や利益を外に求めない「無事」の境地を得ることこそ禅の修行の第一といってもいいでしょう。「無事是貴人」（28ページ）の「無事」です。

茶道を完成させた千宗易《せんのそうえき》は、この「名利共に休す」から字をとって名前を「利休《りきゅう》」としたといわれています。「茶禅《さぜん》一味」というように茶道と禅は深い関係にありますが、利休は本格的に禅を学び、「利休」の名付け親でもある大徳寺の古渓《こけい》禅師から印可《いんか》（悟りの証明書）を受けたほどでした。

ひとつの道を究《きわ》めるには、あるいは自分が受けた生を純粋にまっとうするには、名利を求めたがる雑念を切り捨てる覚悟も必要なのです。

把手共行《はしゅきょうこう》

信じる人と手をつないで行こう

無門慧開《むもんえかい》のことばに「『無』という関門をくぐることができれば、達磨や歴代の祖師《そし》たちと手に手をとって歩き、同じ目ですべてを見、同じ耳ですべてを聞くことができる」とある（『無門関』）。

手をとって共に行く。大変わかりやすい禅語です。手をつなぐなら恋人がいい？　そう、愛する人といつも一体であると感じられたらすばらしいことでしょう。ではこの禅語はだれと手をつなぐというのでしょうか？　それは達磨であり、六祖慧能《えのう》や臨済、道元です。仏であり、同じように悟りを開いた祖師たちと共に手をたずさえて行くというのです。

道元禅師の有名な歌があります。

峰の色　谷の響きもみなながら　わが釈迦牟尼《しゃかむに》の声と姿と

自然のすべては仏のすがたそのものであり、わが身と一体なのだ——というしみじみとした喜びが伝わってきます。悟りを開くとは自分の内なる仏性に目覚めること。仏と自己が調和し一体となり、手に手をとって生という旅をつづけるのです。この仏と一体であるという喜びこそ「把手共行」の喜びなのです。長年連れ添ったパートナーでも、その一体感をどこかに置き忘れてしまっている人たちも多いかもしれません。信じているなら、愛しているなら、恥ずかしがらずにたまには手をつないで歩いてみましょうか。

木鶏鳴子夜《もっけいしやになく》

無我無心であればこそ器も大きくなる

宋代の風穴延沼《ふうけつえんしょう》のことばだが、『荘子《そうじ》』の闘鶏を育てる名人の話が原典。「木鶏」は木でつくった鶏、「子夜」とは子《ね》の刻《こく》（深夜十二時頃）で、「子夜に鳴く」とは人知れぬ働きに重ねて「無心」を象徴している（『伝燈録』）。

昔、闘鶏を訓練する名人がいて、王のために強い鶏を育てていました。ある日、王は「もう闘わせてもよいのではないか」と名人にたずねますが、名人は「いえいえ、まだだめです」と取り合いません。王はその後何度も「もういいであろう」と闘鶏のデビューを促《うなが》しますが、名人はそのたびに「まだ虚勢を張っている」「他の鶏を見ては興奮する」「気負い立っている」などと言っては断ります。

数十日して、名人はようやく王に鶏を献上しました。「もう大丈夫です。他の鶏の鳴き声を聞いても、まるで木でつくった鶏のように平然としているようになりました」と。

虚勢を張ってみせたり、威嚇《いかく》したり、相手に惑わされているようでは本物ではない、いかにも強そうに見えているうちはまだまだで、どんなときも泰然自若《たいぜんじじゃく》として無為自然《むいしぜん》、じっと構えていられるのが本物の強さだということです。

人も同じです。いっさいのはからいもなく無我無心で人のために尽くせる人こそ本当の人格者と言えるでしょう。無心であればこそ、何ごとにも動じず、人知れぬ働きができます。いつか木鶏を、目指してみませんか?

春在枝頭已十分《はるはしとうにあってすでにじゅうぶん》

幸福はあなたのそばにある

宋代の詩人、載益《たいえき》の「春を探る」という詩の一節から。道元の師、如浄《にょじょう》の「春在梅梢帯雪寒（春は梅梢《ばいしょう》に在《あ》りて雪を帯《お》びて寒し）」という句もある。

終日尋春不見春（終日春を尋ねて春を見ず）
杖藜踏破幾重雲（藜《あかざ》を杖つき踏破《とうは》す幾重の雲）
帰来試把梅梢看（帰り来たりて試みに梅の梢《こずえ》を把《と》って看《み》れば）
春在枝頭已十分（春は枝頭にあって已に十分）

大意は、春はどこに来ているだろうかと一日中たずね歩いたが、見つからない。あかざの杖をついてあちこち遠くまで歩き回り、疲れて帰ってきただけだ。ふと自分の家の梅の枝を手にとってみると、枝先に花をつけて香りを放っているではないか。探していた春は、こんなところにあったのだ――。

春はこんな身近にあった、探しにいくことはなかったんだ、というのがこの詩の心です。春とは「真理」であり、「幸せ」と読みかえてもいいでしょう。

幸福を外に求めて、どこかにきっとあるはずだと探し求めているうちは、本当の幸せを得ることはできないということです。如浄の「春在梅梢帯雪寒」の意味するところも同じです。春はどこか特別な場所にあるわけではなく、あなたのそばで、すでに十分に芳香を放っていることに気づいてください。

天下《てんか》の人《ひと》のために蔭涼《おんりょう》と作《な》らん

人のためにそっと日陰をつくる人に

臨済が師の黄檗希運《おうばくきうん》のもとで修行していたとき、兄弟子の睦州《ぼくじゅう》が臨済を評価し、黄檗に伝えたとされることば（『臨済録』）。

「蔭涼」とは、照りつける日差しをさえぎり、人に涼風をもたらす木陰のこと。涼しい木陰をつくるように、世の人のために自分の身を投げ出しても尽くす人物になるだろう（なろう）、というのがこの句の意味です。

唐代に生き臨済宗開祖として大きな足跡を残した臨済が、まだ修行僧だったときのこと。臨済はなかなか悟りを開くことができず、自分の力のなさを嘆いて師の黄檗のもとを去ろうとしました。このとき兄弟子の睦州が、黄檗に「彼は今後みずから鍛錬《たんれん》努力して大樹となり、天下の人のために蔭涼となることでしょう」と、臨済を留《とど》めおくよう進言したということです。実際、臨済は悟りを得たのち見事な大樹となりました。多くの人々の苦悩をさえぎり、その心に「蔭涼」を与えたと言えるでしょう。

人に木陰をつくってやるどころか、他人を押しのけても快適な場所を独り占めしようというのがいまの世の中かもしれません。だからこそ弱い立場の人の「蔭涼」に志願しましょう。自分の暑さもいとわず、黙ってそっと太陽の直射をさえぎってやる——そんな、やさしさとつよさを持った人を目指しませんか。

瓦《かわら》を磨《みが》いて鏡《かがみ》となす

結果ばかり求めて行動するのをやめる

唐代の僧、南嶽懐譲《なんがくえじょう》と弟子の馬祖道一《ばそどういつ》の問答が有名。悟りを得る目的で坐禅をするな、自分の利のために修行をするなという意味。ただし別の解釈もある（『伝燈録』など）。

熱心に坐禅する修行僧（馬祖道一）を見て、南嶽和尚が「黙々と坐禅をしているが、なんのためかの？」と訊くと、修行僧は「はい、仏になるためです」と答えました。それを聞くと、南嶽はそばに落ちていた瓦（昔の中国では塼《せん》）のかけらを拾って、砥石《といし》でゴシゴシと磨き始めました。

こんどは修行僧が、「和尚、何をしているのですか？」と訊くと、「鏡をつくるんじゃよ」と南嶽。修行僧が呆れて「瓦をいくら磨いても鏡になるわけがないではありませんか」と言うと、南嶽は「それなら、おまえさんは坐禅をして仏になれるのかの？」と言ったということです。南嶽は悟りを開くためとか仏になるためという、〝おのれの目的のため〟に坐禅をすることを戒めたのです。

結果を求め、自分を利するための修行など、禅の修行にはならないということです。

南嶽が瓦を磨いたのは、悟りのための坐禅が瓦で鏡をつくろうとするのと同じくらい無意味であると教えたとも、結果を求めずただひたすら磨くことで、無心の行為の尊さを教えようとしたとも受け取れるでしょう。利害・損得ばかり考えて行動しがちな私たちこそ、あらためて噛みしめるべきことばです。

流水《りゅうすい》、無心《むしん》にして落花《らっか》を送《おく》る

無為自然に身を任せ合える関係を

散る花とそれを運んでいく流水（川）の関係のように、人との交わりにおいても無心・あるがままであれという意味。もとは「落花有意随流水　流水無情送落花」（『従容録《しょうようろく》』）。

よその家を訪問したとき、客人としてあまりにも丁重なあつかいを受けると、こちらが恐縮してしまいますね。

仕事関係の接待の場でも、相手に気をつかわれすぎたり、下心が見えてしまうと居心地の悪い思いをすることでしょう。

もてなされる側も、心配りに感謝もせず不遜な態度をとったり、逆に遠慮ばかりしていても相手をがっかりさせてしまいます。

「流水、無心にして落花を送る」とは、風に散って落ちてきた花を、川の流れがただ当たり前のこととして運んでいくこと。「落花、流水に随《したが》う」ということばも同じ意味でつかわれます。

花は流れに運ばれようとして落ちてきたのではなく、川は花が落ちるのを待っていたわけではありません。花はただ自然に散り、川はただ無心に流れていくだけです。無心だからこそ美しいのです。

主張せず、見返りを求めず、相手の心をかき乱すこともない。互いを信頼して自然に身を任せ合う――。人と人の関係もこうありたいものです。

平常心是道《びょうじょうしんこれどう》

特別なことより、まずふだんの心がけ

唐代の名僧、趙州《じょうしゅう》が修行中に師の南泉普願《なんせんふがん》と交わした問答に由来する。禅の本質を端的《たんてき》にあらわしたもので、もとは南泉の師の馬祖道一のことばという（『無門関』）。

趙州が師の南泉和尚に「如何是道《いかんがこれどう》（道《どう》とはどんなものでしょうか）」とたずねたときの答えが、「平常心是道（ふだんの心こそ道である）」です。趙州は重ねて問います。「そのふだんの心を、つかみ取る目標に据《す》えればいいでしょうか」。南泉の答えは「目指そうとすると、すぐにそれてしまうぞ」。

趙州、さらに「目指さないのなら、どうしてそれが道であると知ることができるのでしょうか」と問うと、南泉は答えました。「道は知るとか知らぬとかいう知識に属するものではない。真に疑いようのない道に達してみれば、それは虚空のようにからりとしたものだ。ああだこうだと説明しようもない」。ここでいう「平常心」は、一般につかう「ふだんどおりの心の状態」の意味ではなく、「日常の小さな行いもおろそかにしない心」を示しています。ふだんの生活での心がけが、すなわち「仏の道」にほかならないと言っているのです。

私たちも、〝ふだんの日〟を怠惰に過ごして無駄にせず、まず当たり前のことを当たり前に行う心を大切にしたいもの。たとえば、だれに対しても真心で接することをあなたの「平常心」にしてみませんか？

曹源一滴水《そうげんのいってきすい》

一滴の水だっておろそかにしない

現在の禅宗の源流をたどると、唐代に曹渓《そうけい》（中国広東省）にいた六祖慧能《えのう》にたどり着く。「曹源」は曹渓の源流と同時に慧能のことをさす（『碧巌録』）。

山から湧き出た一滴の水を源流として、小川ができ、やがてそれが大河となって広大な土地を潤すこともあります。たかが一滴、されど一滴です。六祖（達磨から数えて六代目の祖師）慧能は、今日の禅宗の基本を大成した人。「曹源の一滴水」とは、慧能を源流にその教えの一滴一滴が伝承され、分派・発展してきたことをさし、また「慧能の禅法」そのものの意味でつかわれることもあります。現在の日本の禅宗も、曹源の一滴にもとを発しているのです。

江戸末期、宜牧《ぎぼく》という僧が曹源寺（岡山）の儀山《ぎさん》和尚のもとで修行したときの話があります。入門して間もない頃、風呂炊きの当番となった宜牧は和尚に「熱いからうめよ」と言われ、手桶の残り水を捨てて新しい水をくんできました。それを見た和尚は、「そんなことではいくら修行しても禅者にはなれぬ」と一喝し、「残り水をなぜ植木の根にでもかけぬか。そうすれば植木も水も生きるではないか」とさとしました。宜牧は和尚のことばを心に刻み、みずから「滴水」と号《ごう》して悟りを得ると、のちに京都・天龍寺《てんりゅうじ》の名僧と呼ばれるまでになりました。

一滴の水にも、一人の教えにも、大きな可能性が秘められているのです。

不《ふ》思《し》善《ぜん》不《ふ》思《し》悪《あく》

あなたは純粋な魂を忘れてしまったのか

慧能《えのう》（前項「曹源一滴水」参照）が五祖弘忍《こうにん》から禅法を継承したとき、それを認めようとせず追ってきた門下の慧明《えみょう》に言ったことばから（『六祖壇経』）。

六祖慧能が五祖弘忍から禅法を継承したとき、その証《あか》しとして衣鉢《えはつ》（衣と食器）を授かりました。慧能を後継者にさせたくない門下の者たちがその衣鉢を取り戻そうと追ってきました。元軍人の慧明という僧が追いつき、石の上に置かれた衣鉢を力ずくで奪い取ろうとしますが、ビクとも動きません。衣鉢は単なる物ではなく「伝承される禅法」の象徴だからです。

慧明は自分のあやまちに気づき、悔い改めました。このとき慧能が言ったのが「不思善不思悪、まだ一念も生じないとき、慧明よ、あなたの本来の面目はどんなものか」ということばで、これを聞き慧明は忽然として悟ったといいます。

「不思善不思悪（善をも思わず、悪をも思わず）」とは、善悪・是非・自他などの相対的な概念や認識を超越した境地をさします。「本来の面目」とは、本来の自己、生まれる前から持っている純粋な人間性のこと。「主人公」（98ページ）、「無位の真人」（66ページ）とも同義で、「父母未生《みしょう》以前　本来の面目」ともいいます。慧能はいわば「父母さえ生まれる前からあなたに具《そな》わっている純粋な魂をどこへやってしまったのだ」と問いかけ、慧明の目を開かせたのです。

滅却心頭火自涼《しんとうをめっきゃくすればひおのずからすずし》

暑さなら暑さ、苦悩なら苦悩に同化しろ

戦国時代、甲斐《かい》（山梨）の恵林《えりん》寺にいた快川《かいせん》紹喜《じょうき》がこの句を唱えて火中に身を投じたことで有名。もとは唐代の詩人・杜荀鶴《とじゅんかく》の「夏日悟空上人の院に題す」という詩による（『碧巌録』）。

甲斐の武田家を滅ぼした織田信長《おだのぶなが》は、恭順《きょうじゅん》の意を示さない恵林寺の快川和尚に怒り、寺を焼き払うよう命じました。快川和尚は「安禅《あんぜん》は必ずしも山水を須《もち》いず、心頭を滅却すれば火自ら涼し」と唱え、炎に身を投じたといいます。有名な逸話ですが、これは禅の修行をすれば炎の中でも平気になるというような話ではありません。もとの句の意味は、「坐禅には静寂で涼しい場所が必要なわけではない、無我無心の境地であれば炎暑も苦にはならず、涼しくさえ感じられる」というものです。直面する苦悩から逃げるのでなく、暑さなら暑さ、寒さなら寒さに徹底して自分を同化させてしまえば苦悩はおのずと消滅する、というのも禅の考え方なのです。無の境地にあった快川和尚は、「炎なら炎に自分を同化させるまで」という心境にあったのではないでしょうか。

私たちでも、無心に徹し目の前のことに集中すれば苦悩が苦悩でなくなることがあります。たとえば、マウンド上の気温が四十度近くにもなる夏の甲子園大会で、ある優勝投手は「暑さは全然気にならなかった」と話していました。一球一球に集中し、無心にプレイする球児たちには炎暑も炎暑ではなかったのです。

百尺竿頭《ひゃくしゃくかんとう》に一歩《いっぽ》を進《すす》む

そこで満足せずに、さらに歩みを進めよう

中国の禅僧、石霜《せきそう》と長沙《ちょうさ》の問答より。「百尺竿頭如何《いかん》が歩を進めん」という石霜の問いに長沙は「百尺竿頭に須《すべか》らく歩を進め、十方《じっぽう》世界に全身を現《げん》ずべし」と応じた（『無門関』）。

「百尺竿頭」とは長い長い竿の先のこと。きびしい修行を経てやっと到達できる悟りの境地をさしています。しかし、悟りを開いても禅の道に終点はありません。その竿の先で「さらに一歩を進めよ」というのです。

長沙は、「百尺竿頭に坐《ざ》する底《てい》の人、然《しか》も得入《とくにゅう》すといえども未《いま》だ真《しん》となさず、百尺竿頭に須らく歩を進め、十方世界に全身を現ずべし（竿の先にとどまろうとする者は、悟ったといっても真の悟りにはいたっていない、竿の先からさらに歩みを進め、世俗世間に身をさらして衆生《しゅじょう》を救う努力をしなければならない）」と言っています。

私たちは日々努力しても、高みのてっぺんまで行き着くことはなかなかできません。でもまだ先があるからこそ「もっとがんばろう」と思うことができます。ところが、いつの日か目標を達成してそれなりの高みに達すると、多くの場合「もうこれでいい」と満足し、その位置に安住しようとしてしまうもの。たとえ成功してもその地位に甘んじることなく、自分が得てきた経験や技術を次の世代に伝えたり、驕《おご》ることなく向上心を持ち、「間断《かんだん》なき歩み」をつづけましょう。

竹影《ちくえい》、階《かい》を掃《はら》って塵動《ちりどう》ぜず
月《つき》、潭底《たんてい》を穿《うが》つも水《みず》に痕《あと》無《な》し

何ものにも染まることのない自由な心で

もとの句は「竹影掃階塵不動　月穿潭底水無痕」。「潭《たん》」は深い淵。禅者の無心の行為は心中になんの執着も残さないということ（『普燈録』『槐安国語』など）。

月に照らされた竹の影がお堂に映り、風が吹くたびに階段を掃《は》くかのように動きます。けれども塵はひとつも動きません。月は深い淵の底まで光を届けるのに、水にはなんの跡もとどめません。跡を残さず、執着することのない心を美しい描写の中にあらわしたことばです。何ものにも染まらず、「空《くう》」であり、自由である禅の精神を感じさせます。

跡を残さないといえば、幕末明治を生きた原坦山《はらたんざん》という禅僧の若き日の逸話があります。同輩の僧と二人で修行の旅をしていたとき、橋のない川にぶつかりました。水量は多く、見ると若い娘が渡りかねて困っていました。同輩は一人で川に入りますが、坦山は娘に「渡してあげよう」と声をかけ、娘を抱えて川を渡りました。二人の僧は道中をつづけましたが、ずっと心中おだやかでなかった同輩がたまりかねて、「おい、出家の身でありながら女を抱いたりして恥ずかしくないのか」となじりました。坦山はからから笑って返しました。

「なんだ、貴公はまだあの女を抱いていたのか。私はとっくに放してしまったぞ」

……これもまさに「階を掃って塵動ぜず」の心でしょう。

相送当門有脩竹《あいおくってもんにあたればしゅうちくあり》
為君葉葉起清風《きみがためようようせいふうをおこす》

「真心」という清らかな風を吹かせよう

虚堂智愚《きどうちぐ》が、別れを告げに自分の寺に寄ってくれた弟子たちを送ったときに詠じた詩の一節。「脩竹」とは長くのびた竹、または竹やぶのこと（『虚堂録』）。

これから遠くの地へ行くため、別れの挨拶を告げに師匠を訪れた三人の僧。懐かしく語らい、やがて別れのときがきて、師匠は門まで送っていきます。見送る者にも見送られる者にも惜別《せきべつ》の情があふれます。そして門の前に着くと、不意に竹の一葉一葉がさわさわ揺れ動き、清らかな風が吹いてきたのです。

別れを惜しみ門まで友を送る、門前の竹の葉までが清風を起こし君を送っている——。訳してみればこのような短い詩ですが、ここには清らかで美しいものがあります。師と弟子の心情を察するかのように竹の葉々が揺れ、清風は彼らの真心の交感を祝福するかのようです。

日常の出会いと別れにも、このような一期一会の真心をこめたいものです。

道元禅師は「光陰《こういん》は矢《や》よりも迅《すみや》かなり、身命《しんめい》は露《つゆ》よりも脆《もろ》し、何《いず》れの善巧方便《ぜんぎょうほうべん》ありてか過《す》ぎにし一日《いちにち》を復《ふた》び還《かえ》し得《え》たる」と言いました。過ぎた一日は戻らず、また明日という一日があるとは限らないのです。禅は「捨てろ」「無になれ」と言うだけではありません。このような純粋な心の交わりを祝福するのもまた禅の心なのです。

一切有為法《いっさいのういのほう》
如夢幻泡影《むげんほうようのごとし》

うつろうものだからこそ一日一生を精一杯に

『金剛般若経』の「一切有為法　如夢幻泡影
如露亦如電《つゆのごとくまたかみなりのごとし》　応作如是観《まさにかくのごときかんをなすべし》」から。
この世のことはすべて実体がなく「空」である
ということ。

この世のすべては夢まぼろし、水泡や影の如《ごと》くはかないもの——。いっさいのものは実体のない仮のすがた（仮相《かそう》）で無常であるのに、まことのもの（実相《じっそう》）で永遠だと錯覚しているから、とらわれ、執着する心が起こる、すべては夢幻泡影の如しという観念に立つこと——という教えです。

織田信長が好んだ「人間五十年　下天《げてん》の内をくらぶれば　夢まぼろしの如くなり　ひとたび生を享《う》け　滅《めっ》せぬもののあるべきか」という「敦盛《あつもり》」（幸若舞）の一節もまた、この「夢幻泡影」の無常観と、「一期《いちご》は夢」という死生観がその底にあるのでしょう（「下天」は人間界、「一期」は一生をさす）。

良寛の詩にも「回　首《こうべをめぐらす》　五十有余年　人間《じんかん》是《ぜ》非《ひ》一夢中《いちむのうち》」という一節があります。

五十余年生きてみたが、人間界で是非や善悪を問うのも夢のうちのこと、人が行う価値判断などにどれほどの意味があろうか……というのです。

すべては無常の風の中にあります。しかし、信長も良寛もその生き方こそ違えどけっして虚無的になることなく、夢幻であるからこそ精一杯にその生を生きました。夢と消え泡と消えても、生ある限り美しい夢を描きましょう。

死《し》ぬ時節《じせつ》には死《し》ぬがよく候《そうろう》

目をそむけず、あるがままに受け止める

良寛和尚が七十一歳のとき、越後三条《えちごさんじょう》を大地震が襲い、死者千六百余人という大惨事となった。その見舞いの手紙をくれた与板《よいた》の知人・山田杜皐《やまだとこう》あての返信の手紙にある。

「地しんは信《まこと》に大変に候《そうろう》。野僧草庵《やそうそうあん》は何事なく親るい中死人もなくめで度存《たくぞんじ》候。うちつけに　死なば死なずてながらへて　かかるうきめを見るがわびしき」

知人に無事を伝え、歌をしたためたあと、良寛はこう締めくくっています。

「しかし災難に遭《あ》ふ時節には災難に遭ふがよく候、死ぬ時節には死ぬがよく候、是はこれ災難をのがるる妙法にて候　かしこ　良寛」

災難にあうときはあうほかなく、死ぬときはまた死ぬよりほかにありません。怖がっても仕方ないこと、嘆いたり諦めたり妄想に逃げず、あるがまま受け止めて、そのときそのときできることをただ精一杯に為《な》すのが、災難や死を逃れる唯一の方法でありましょう――と良寛は言っているのです。

三年後の天保二年（一八三一）、このことば通りに良寛はこの世を去ります。最期を看取ったのは弟の由之《ゆうし》と、晩年にまるで若者同士のように慕い合い、多くの恋歌を交わした貞心《ていしん》という尼僧でした。「天真に任す」（30ページ）の境地で生きた良寛その人のことばだからこそ、「死ぬ時節には死ぬがよく候」がけっして非情ではなく、「無」「寂《じゃく》」の禅のことばとして響いてくるようです。

生我者父母《われをうみしものはふぼ》
成我者朋友《われをなせしものはほうゆう》

「いまの自分」をつくってくれたのはだれか

百丈《ひゃくじょう》懐海《えかい》や洞山良价《とうざんりょうかい》のことばとして有名だが、もともとは『史記』に出てくる紀元前中国・春秋時代の名宰相、管仲《かんちゅう》（管子）のことば（『祖堂集』など）。

この世に送り出してくれたのは父母だが、私のことを理解し、我を我たらしめてくれたのは友人だ――という意味のことばです。中国の春秋時代に生きた管仲《かんちゅう》は、宰相としてよく斉《せい》王・桓公《かんこう》を支え、いまでも中国では管仲といえば「名宰相」の代名詞になっています。管仲は貧しい家に生まれ、有為《うい》転変《てんぺん》の人生を送りましたが、彼を終始あたたかく見守り、支えたのが親友の鮑叔《ほうしゅく》でした。管仲がその鮑叔との関係を述懐したことばがあります。

「彼と組んで商売をしたとき、私は分け前を多く取ったが、彼は私を欲張り呼ばわりしなかった。私が貧乏なのを知っていたからだ。私は何度か仕官してそのたびにお払い箱になったが、彼は私を無能呼ばわりしなかった。私にまだ運が向いてきていないことを察していたからだ。（略）……私を生んでくれたのは父母だが、私を真に理解してくれたのは鮑叔である（生我者父母　知我者鮑叔）」

この二人の友情のありかたから「管鮑《かんぽう》の交わり」ということばが生まれ、のちに禅者がこの「生我者父母　成我者朋友」で共に道を求める友の大切さを伝えました。よりよく生きた先人のことばもまた禅のことばになるのです。

鳥啼山更幽《とりないてやまさらにしずかなり》

苦しみや辛さを経て人は深められる

六世紀前半の詩人・王籍《おうせき》の五言古詩の一節「蝉《せみ》噪《さわいで》　林《はやし》　逾《いよいよ》　静《しずか》　鳥鳴山更幽」より。『宏智広録』に見られるほか、良寛の書「風定花猶落　鳥啼山更幽　観音妙智力　咄」でも知られる。

山中で、鳥がひと声鳴いて去ったあとにいっそう深まる静寂感をあらわした句です。原典の前の句「蝉噪林逾静」からは、芭蕉《ばしょう》の俳句「閑《しず》かさや　岩にしみいる蝉の声」を連想した人も多いでしょう。

　この句をふまえて、のちの北宋の詩人・王安石《おうあんせき》は、「鐘山即事」という詩で「一鳥不啼山更幽《いっちょうもなかざればやまさらにしずか》」と、鳥の声さえ聞こえない春の日の静寂を詠《よ》んでいます。……では、ちょっと目をつむって春の深山の情景を思い描いてください。紅色の桃の花が咲き、柳は緑です。鳥の声さえ聞こえない静けさと、鳥がひと声鳴いたあとの静けさ、どちらがより深い静寂感を感じられるでしょうか？

　芭蕉が蝉の声や、カエルが飛び込む水の音で静寂を表現したように、静けさをやぶって消える鳥の声が逆に静寂を引き立て、いっそう深いものにする——と感じられるのではないでしょうか。

　私たちがよりいっそう人間らしく成長していくには、平穏で楽しい日々だけでなく苦しみも必要です。人生に必ず出会う困難や悲しみ、それが私たちの人生にとっての鳥の声です。「鳥鳴山更幽」。苦しみもあなたという人間を深めてくれるものだということを、忘れずにいてください。

禅の基礎知識

禅の歴史を知ると、禅語の味わいもいっそう深まります

◎「禅」の始祖は達磨《だるま》大師

いまからおよそ二千五百年前、インドの小国の王子であった釈尊《しゃくそん》（お釈迦さま）は菩提樹《ぼだいじゅ》の下で坐禅を組み、瞑想の中で悟りを開いたといわれています。釈尊は北部インドの各地で教えを説き、その後を弟子の摩訶迦《まかか》葉《しょう》（大迦葉《だいかしょう》）が引き継ぎました。

釈尊から数えて二十八代目に登場するのが、日本では達磨さんや達磨大師の名で親しまれる菩提達磨《ぼだいだるま》です。南インドの王子として生まれた達磨は、四十年におよぶ修行を経て六世紀前半に中国へ渡り、禅思想が発展する大きな契機をつくりました。

達磨は九年もの間ひたすら岩壁に向かって坐禅修行をつづけたといわれ（「面壁《めんぺき》九年」）、また達磨が唱えた「禅によって悟りを開く」という実践的な教えは多くの人々に受け入れられていきました。中国の禅はこの達磨を始祖として隆盛を迎え、その後、分派していきます。

◎栄西《えいさい》と道元《どうげん》が広めた日本の禅

日本に最初に禅の思想が伝わったのは飛鳥時代ともいわれていますが、本格的な広がりを見せるのは鎌倉時代からです。日本の禅の開祖は、臨済宗を開いた栄西（一一四一～一二一五）と、そのおよそ三〇年後に曹洞宗を開いた道元（一二〇〇～一二五三）の二人。いずれも宋代の中国に留学して中国禅に大きな影響を受け、帰国後、禅の思想を精力的に伝えました。

栄西は当初は九州、京都で布教を始め、やがて鎌倉幕府・北条《ほうじょう》家の庇護を受けて武家や貴族を中心に臨済禅を広めていきました。現在では妙心寺派をはじめ、京都、鎌倉を中心に多数の派に分かれて発展しています。

道元は中国の曹洞禅を伝え、ひたすらに坐る「只管打坐《しかんたざ》」を修行の根本において越前（福井）に修行道場を開きます。これがいまにつづく大本山・永平寺です。『正法眼蔵《しょうほうげんぞう》』や『普勧坐禅儀《ふかんざぜんぎ》』などの著作を残した道元は、宗教家であると同時に偉大な思想家としても後世に評価されています。道元の死後、もうひとつの大本山・総持寺《そうじじ》を開いた瑩山《けいざん》によって曹洞宗は広く民衆の間に広まり、分派しない一宗派として大きな勢力となって現在にいたっています。

禅の基礎知識Q&A

Q「仏」ってなんですか?

A 仏とは「仏陀《ぶっだ》」（梵語《ぼんご》のBuddha）の略で、真理を悟った者、目覚めた智者のこと。仏陀とはお釈迦さま、つまり釈尊（釈迦牟尼世尊《しゃかむにせそん》の短縮形）のことですから、「仏」という場合、釈尊その人をさすか、その真実の教え、悟りの境地そのものをさすこともあります。生きとし生けるものはすべて仏になる資質を持っている（悉有仏性《しつうぶっしょう》）というのが、大乗仏教の基本的な考え方のひとつです。

Q「禅」とはそもそもなんですか?

A もとは梵語のdhyana（ドゥフヤーナ）の音訳「禅那《ぜんな》」の略で「静慮《じょうりょ》」（深く静かに考えること）と意訳されることもあります。「禅」とは心と体を整え、精神を集中して無我の境地に入ること（「禅定《ぜんじょう》」ともいう）。また心をあきらかにして真理を得るために修行することであり、そのための「坐禅」や禅宗の考え方をさす場合もあります。

Q 臨済宗と曹洞宗の禅の違いは？

A 釈尊を最も重んじ、坐禅を修行の第一とするなど基本的な考え方は同じです。大きな相違点は、臨済宗は師家《しけ》（指導僧）が修行者に公案《こうあん》を与え、これを探求することによって悟りを得ようとする「看話禅《かんなぜん》」であるのに対し、曹洞宗は公案を用いず、開祖道元の教えにしたがい、本来悟りの世界に生きている人々が、仏の行《ぎょう》である坐禅をひたすら実践するところに意味を認めます（本証《ほんしょう》妙修《みょうしゅう》、只管打坐《しかんたざ》）。

Q なんのために坐禅をするのでしょう？

A 釈尊は坐禅によって悟りを開きました。坐禅の「坐」は土の上に人が二人並んで坐っているようすをあらわしています。これは自我と自己であるとも、人と仏であるともとらえることができます。禅宗は、この坐禅の姿勢によって心と体を静め、釈尊の悟りを追体験しようとするものです。自我という執着を解き放ち、自分の内なる仏を照らしだすための最も重要な修行ととらえています。

Q なぜ禅では作務《さむ》を重んじるの?

A　中国へ仏教が伝わり禅思想が生まれると、禅者は迫害を受けて各地の山中などへ逃れました。インド仏教では労働は禁じられていましたが、そこでは自給自足で生活しなければならず、労働(作務)が必要となりました。やがて修行者たちの共同生活の中で生活の規則(清規《しんぎ》)が制定され、日常の作務も大切な修行として重んじられるようになりました。

Q「悟りを開く」ってどういうこと?

A　あらゆる迷いや妄想を払い去って永遠の真理を会得《えとく》することですが、十分な説明は困難です。道元禅師のことば「ただわが身をも心をもはなち忘れて仏のいへになげいれて　仏のかたより行はれ、是にしたがひもて行くとき　ちからをも入れずこころをもつひやさずして　生死をはなれてほとけとなる」が、悟りの境地をあらわしています。

禅語索引　五十音順

※漢語は読み下し文の音に準じています

あ行

相送当門有脩竹　為君葉葉起清風　174
挨拶　20
不雨花猶落　124
勢不可使尽　72
以心伝心　139
一期一会　42・111
一大事　94
一日不作一日不食　82
一華開五葉　118
一切有為法　如夢幻泡影　176
一切唯心造　86
雨奇晴好　38
宇宙無双日　乾坤只一人　112

か行

回光返照　56
廓然無聖　46
喝　78
無可無不可　24
瓦を磨いて鏡となす　158
看脚下　54
眼横鼻直　126
規矩不可行尽　74
喫茶去　36・125
脚下照顧　54
教外別伝　139・140
行住坐臥　64・105

さ行

空即是色　50・96
行雲流水　120
好事不如無　70
紅炉上一点の雪　144
心静即身涼　80
只管打坐　17・185・187
色即是空　50・89・96
自浄其意　60
実相無相　139・140
自灯明　法灯明　130
死ぬ時節には死ぬがよく候　178
主人公　67・98・101

衆善奉行　60
諸悪莫作　60
照顧脚下　54
松樹千年翠　92
正法眼蔵　139・140
心外無法　86
身心脱落　136
滅却心頭火自涼　145・168
随処に主と作れば立処皆真なり　100
隻手音声　52・104
是諸仏教　60
雪裡梅花只一枝　108
善悪両忘　12
洗心　58
曹源一滴水　164
啐啄同時　116
可及其智　不可及其愚　114

た行

誰家無明月清風　106
他は是れ吾にあらず　102
竹影、階を掃って塵動ぜず
　月、潭底を穿つも水に痕無し　172
月落不離天　132
天下の人のために蔭涼と作らん　156
天真に任す　30・179
鳥啼山更幽　182

な行

内外両忘　12
日日是好日　22
涅槃妙心　139・140
拈華微笑　138・140

は行

白馬蘆花に入る　134
把手共行　150
八風吹けども動ぜず　142
放てば手にみてり　16・29
春在枝頭已十分　154
春在梅梢帯雪寒　154
百尺竿頭に一歩を進む　170
百花春至為誰開　122
百不知百不会　76
平常心是道　162
無事是貴人　28・67・149
不思善不思悪　166
不立文字　139・140
放下著　14・125
逢茶喫茶　逢飯喫飯　128

歩歩是道場　62
本来の面目　167
本来無一物　69

ま行

莫妄想　26
応に住する所無うして其の心を生ずべし　88
水到れば渠成る　146
掬水月在手　18
微妙の法門　139・140
明珠在掌　90
名利共に休す　148
無一物中無尽蔵　68
無位の真人　66・113・167
無功徳　44
明歴歴露堂堂　32・35
木鶏鳴子夜　152

や・ら・わ行

柳緑花紅真面目　34
夢　48
落花、流水に随う　161
流水、無心にして落花を送る　160
両頭坐断　12
両忘　12
冷暖自知　40
和光同塵　84
和敬清寂　110
生我者父母　成我者朋友　180

●参考図書

『禅学大辞典』同書編纂所（大修館書店）
『禅語辞典』入矢義高監修・古賀英彦編著（思文閣出版）
『禅語事典』平田精耕（ＰＨＰ研究所）
『名僧列伝（一）（二）』紀野一義（講談社学術文庫）
『無という生き方』渡會正純（ＫＫベストセラーズ）
『禅語百選』松原泰道（祥伝社）

●監修者略歴

永井 政之（ながい・まさし）

1946年群馬県生まれ。駒澤大学仏教学部卒。同大学院修了。仏教学博士。駒澤大学名誉教授。曹洞宗総合研究センター主任研究員。専門は禅学、禅宗を中心とした中国仏教。著書に『中国禅宗教団と民衆』（内山書店）などがある。群馬県・良珊寺住職。

●著者略歴

宮下 真（みやした・まこと）

1957年福島県生まれ。文筆家・編集者。仏教関係や東洋思想、日本の伝統文化を主な分野として出版活動に従事。主な著書に『ブッダがせんせい』『なかよくなることば』『親鸞　救いの言葉』（以上いずれも永岡書店）、『猫ブッダは悩まニャイ』（ワニブックス）などがある。

●カバーデザイン／小島トシノブ（NoNdesign）
● DTP製作／センターメディア

※本書は、小社刊『ふっと心がかるくなる 禅の言葉』（2006年発行）の一部を加筆・修正し、再編集したものです。

心がスーッと楽になる　禅の言葉

2019年5月20日　第1刷発行
2022年3月10日　第4刷発行
監修者――永井政之
著　者――宮下　真
発行者――永岡純一
発行所――株式会社永岡書店
〒176-8518　東京都練馬区豊玉上1-7-14
代表 ☎ 03（3992）5155　編集 ☎ 03（3992）7191
印　刷――誠宏印刷
製　本――ヤマナカ製本

ISBN978-4-522-43733-9　C0076